Strengths-Based Counseling With At-Risk Youth
by **Michael Ungar**

マイケル・ウンガー=著
松嶋秀明 奥野 光 小森康永=訳

リジリアンスを育てよう
危機にある若者たちとの対話を進める6つの戦略

In the presence of significant ADVERSITY, resilience is the capacity of individuals to NAVIGATE their way to the psychological, social, cultural and physical resources that sustain their well-being, and their capacity to individually and collectively negotiate for these resources to be provided in culturally meaningful ways.

金剛出版

Strengths-Based Counseling With At-Risk Youth
by Michael Unger

Copyright © 2006 by Corwin Press
Japanese translation rights arranged with SAGE Publications, Inc.
through Japan UNI Agency, Inc., Tokyo

序

ノヴァ・スコッティア州ハリファックスで発行されている「デイリー・ニュース」紙の一面には「『敗者』がアルバータの学校で1人を殺害」という大見出しが踊っており，コロラド州ボールダーのコロンバイン高校で起こった大量射殺事件の直後に，またもや銃撃事件が起きたことを知らせていた*。コロンバイン高校のニュースを聞いたとき，私は友人や家族に，模倣事件が起こるのは時間の問題だと話していた。

　悲しいことに，私は間違っていた。模倣事件は1つだけではなく，多くの類似事件が起こったのだ。失うものは何もなく，暴力をふるえば何でも手に入ると感じている若者からの，何千もの，文字通りの脅威が，学校や他の公的機関から聞こえてきた。これらすべてを不可避にしたのは，大見出しのなかで目をひく「敗者」という言葉だった。

　偉大なるマスメディアにより，コロンバイン高校から数千マイルも離れた若者は，まさに，てっとり早く悪名を手にしたければ何ができるか教えられた。私たちが，彼に台本を手渡したのだ。アイデンティティを劇的に変化させる選択肢などほとんどない世界で，この敗者は，スティグマにまみれ排除されている人生からの出口を見つけたわけだ。もしも彼が，同じ

[訳註 *]　1999年4月28日，カナダ・アルバータ州の高校で，元在校生が学生に向けて銃を乱射し1名が死亡，1名が負傷した事件。元在校生は在学中にいじめを受けており，事件の数日前に起こったコロンバイン高校銃乱射事件の模倣による犯行とされる。

ように特権とは無縁の若者グループを見つけて，同様の声明をあげるための別のやり方があることを知らされていたなら，倒れかかった自己イメージを支えるために，彼らからその地位を借用できたのではないだろうか。暴力をふるったり殺人をしたりする他に，やり方はなかったのか？

もちろん私たちは，彼がいじめられているのを見逃していたとして，彼の家族や，教師たちを責めることはできた。あるいは，もしも私たちが異なった政治的指向をもっていたなら，若い犯罪者への厳罰が犯罪を思いとどまらせることを可能にしたのにと言えただろう。銃規制の問題について討論し，彼らの年代の子どもにいかに銃使用を思いとどまらせられるかと考えをめぐらせたかもしれない。しかし，こうした政治的でイデオロギー的な物思いのどれ1つとして，子どもが直面している問題を解決しないというのは，悲しい真実である。そして真実は過酷なまでに厳しい。その子どもが以前から敗者であったとしても，彼はその時点で，もっとパワフルなアイデンティティを持つことにしたのである。その一部は彼自身の悪巧みではあるが，近年，学齢期の子どもたちのなかでますます増え続けている地位，すなわち「殺人者」という地位を。

本書は大小を問わず，こうした悲劇が起こることを防ぐための本である。若者は，自らの問題に対処するために，暴力的になったり，社会的に受け入れられないやり方でふるまう必要はない。若者とその家族は，他の人が学校や家において認識している，より健康的でパワフルなアイデンティティをみつけるのを手助けしてもらったときに，もっとも首尾よくサバイバルできるのを，長年にわたって私は見てきた。若者が暴力的に行動化したり，教師や面倒をみてくれる人を心配させはじめたとしても，「問題の」若者へのアプローチは，希望を提供する。それは，彼らのとっている行動がどれだけ非合理的なものに見えたとしても，若者の精神病理学や悪い行動の先に，彼ら自身や彼らが適応しようとしてとる対処行動をよりよく理解することだ。本書は，問題を起こす子どもにみられる危険（Dangerous），非行（Delinquent），逸脱（Deviant），障害（Disorder）という4つのD行動の見え方をめぐるロードマップの1つになることを意図している。本書において，

両親や教育者たちがいまだこうした十代の若者の人生の大きな部分を占めていることはもちろん，彼らが大人に対して，自分たちのためにそこにいてくれることを欲し，望んでいるということも，示されるだろう。

本書の使い方

　本書は，あなたが若者をこれまでとは違ったふうにみることを助けてくれるだろう。問題のある若者についての議論からはじめ，彼らをパンダ，カメレオン，ヒョウとしてみる革新的見方を提案する。この3つの「ラベル」は，若者たちと私が，若者の対処やサバイバルの方略を描写するために発見してきたものだ。パンダは1つのパターンに固執し，カメレオンは周囲に合わせ，それに対してヒョウは周囲を変える。最初の2つの章では，子どもたちがリジリアンス＊を育て，維持していくために，いかにこうしたコーピング戦略を使うのかを示す。そのために，私自身の十代の経験をふくめ，若者についての多くのストーリーをみなさんとわかちあおう。第3章から第5章にかけては，トラブルを起こす若者や，その教師や家族とのかかわりのなかで，私が使っている6つの戦略を提供する。どの戦略も，若者がパンダ，カメレオン，そしてヒョウとして私たちにみせる強さの上に作り上げられており，どうして若者はトラブルを起こすのかについて，より肯定的に，個別化して理解するのを推奨する。各章には，教育者や養育者がケアしている若者を救うのに何としても見つけるべき必要なツールがつまっている。

　第6章では，これらの戦略をいじめをしている子どもに適用する。ここには議論の余地があるいくつかの問題がある。しかしながら，いじめというのは，他の暴力と同じように，私たちが学校やコミュニティのなかで対

[訳註＊]　一般的には「回復力」「復元力」などと訳され，重大な逆境やリスクのなかで良好な適応をはたすことをさす。しかし，ウンガーの言うリジリアンスは，本人の個別能力だけでなく，周囲の大人たちが有形無形に与えている資源と本人が相互作用した結果なのである。「雨降って地固まる」かどうかは，土地の質や地形だけで決まるのではなく，雨の量やそのタイミングも含めた降り方，そしてその土地がどのくらい（たとえば植林されているか否か）手を入れられているかに大きく左右されるというわけだ。

処に苦闘している広範囲にひろがった問題である。いじめっ子をパンダやカメレオン，ヒョウとして見て，6つの戦略をあてはめてみることで，これまでの章で扱ってきたすべてのアイデアを，ストレングスに基づく包括的介入モデルのなかにまとめあげることになるだろう。

　第7章と第8章では，問題のある子どもにかかわる教師や養育者のために，「リジリアントな若者のストレングス・インベントリー」（RYSI）という，ちょっとしたアセスメントツールを提供する。このツールは個々の若者に，リジリアントなのかリジリアントでないのかというラベルを貼ることを意図しているのではない。むしろ反対に，これは子どもがよりリジリアントになるための一番の援助を考える際に，吟味すべきチェックリストである。尺度を紹介し終わった後の議論では，問題行動でさえ，健康的に発達するための援助資源が欠けた文脈におけるリジリアンスのサインとみる必要があることを強調している。尺度を採点することで，私たちは若者がサバイバルするための独特な解決法を喜べるようになる。

若者たちとの協働的な努力

　本書に書かれたアイデアのどれをとっても私がひとりで考えたものはない。私がこれまで出会ってきた若者と家族は，ずっと私の最高の教師であった。そうでなければならない。若者自身のストーリーを詳しく聞きもせずに，一体どうやったら若者が健康的でパワフルなアイデンティティをみつけることほどに複雑なことを理解できるだろう。

　大人として，私たちが知覚している世界が世界なのだという仮定を立てるのは，とても容易い。しかし，それは呼吸するたびに変わっていく。私と人生をともにしている多くの若者たち，そして私の考えを明確にしてくれる同僚たちすべてが，直面している逆境にもかかわらず，若者はどうやって生き残り，成功しているかを映したスナップショットを結晶化させる上で重要な位置を占めている。

　本書は，人々の関係のなかで交渉されるものとしてのリジリアンスにつ

いての本である。子どもを援助するためにどうしたらよいか，何をしてはいけないかを列挙したただのチェックリストではない。私は，子どもたち自身が作るのを手伝ってくれたラベルを用いるけれども，それは子どもをある種のカテゴリーにおしこめ，彼らにラベルを貼りつけて安心するための分類を作ろうと意図しているのではない。本書に登場する6つの戦略を使うことで，読者も私がこれまで特権的に若者とわかちあってきた強さ(ストレングス)の物語と同様のものを聞けるようになれば幸いである。

注記——若者とその家族

　私がともに取り組む光栄にあずかったすべての人々のプライバシー保護のため，ここでわかちあうことになるストーリーは半分は現実のものだが，半分は想像上のものであることをご承知おきいただきたい。実際に生きられた人生の断片に基づいて，私が自らの臨床実践および研究を通して知りあった多くの若者とその家族に共通している逸話をつぎはぎしている。本書に著されている若者と家族についての似顔絵は，もちろん，彼らの素性を秘匿するために，複数の人の情報で代替されている。読者は本書のなかに書かれているのは特定の人のことだと認識するかもしれないが，描写されている人々は，実際には誰もここに書かれたような形では実在しない。私は，類似性というのは事実より事実らしいものだと言っておこう。もしもストーリーが親しみをもって感じられたら，それはおそらく，これまでの多くのコミュニティにおける私のキャリアを通して，大なり小なり，互いに共通する部分を多くもつ何百人もの若者と出会ってきたからだ。読者が，本書に取りあげられているストーリーを読んで，彼ら自身にとっても，彼らをケアしている人々にとっても真実だと思えることを望んでいる。

リジリアンスを育てよう

危機にある若者たちとの対話を進める6つの戦略

目次

序…iii
　　本書の使い方…v
　　若者たちとの協働的な努力…vi
　　注記──若者とその家族…vii

1　サバイバルとスライバル…003
　　若者がサバイバルする多くの方法…004
　　3つのサバイバル戦略,3つのアイデンティティ…007
　　権力と自己定義…010
　　介入としての置き換え…012
　　ナラティヴ介入…017
　　パワフルな選択肢…020

2　3つのアイデンティティ…027
　　パンダ,カメレオン,そしてヒョウ

　　どんづまりのパンダ…029
　　気まぐれなカメレオン…038
　　うるさいヒョウ…043
　　杭と穴…049

3　リジリアンスを育てる6つの戦略…053
　　6つの戦略の概観…054
　　リジリアンスへいたる経路──慣習的なものと非慣習的なもの…056
　　戦略1　彼らの真実を聴く…061

4　真実から行為へ…073
　　「戦略2」から「戦略5」までを実行に移す

　　戦略2　若者が自らの行動を批判的にみるよう援助する…075
　　戦略3　若者が必要だというものにフィットする機会を創造する…081
　　戦略4　若者が耳を貸し,敬意を払うような仕方で話す…086
　　戦略5　最も大切な差異を見つける…092

5 若者のリジリアンスの たくさんの表現…101

戦略6 やめさせるより代わりを見つける…103
薬物使用の代わりを作る…106
他の危険な行動の代わり…110
リジリアンスのたくさんの表現…111

6 「いじめ」の新しい見方…117

コーピングとしてのいじめ――ジェイク…118
いじめっ子と3つのアイデンティティ…129
適応の機会を提供する…132
いじめっ子のための代案…133
被害者のための代案…135

7 リジリアンスを評価する…139

リジリアントな若者のストレングス・インベントリー――RYSI…140
個人的特徴…144
対人関係…147
コミュニティ…149
文化…151
適正に評価する…154

8 RYSIの結果を解釈する…157

パンダは狙い撃ちする…157
カメレオンは高得点を得る…159
ヒョウは勝ち取る…160
結果を利用して私たちの努力を伝える…165

結論 必要なのは変わることだ…169

引用文献…171

解説 非行臨床にいかす
リジリアンスの視点
松嶋秀明…175

訳者あとがき…185
索引…191

リジリアンスを育てよう
危機にある若者たちとの対話を進める6つの戦略

Strengths-Based Counseling With At-Risk Youth by Michael Unger

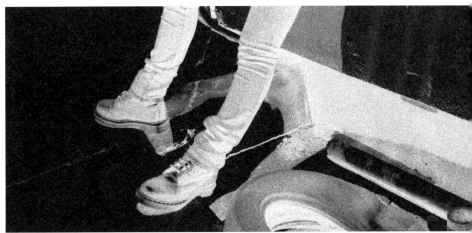

サバイバルとスライバル
　　生き残る　　成功する

> 問題はその人ではない。
> むしろ，問題が問題なのだ。
> ——マイケル・ホワイト（『物語としての家族』p. 61）

　ジェフリーはぬいぐるみのクマみたいだった。一度も梳かれたことのないような赤毛のボサボサ頭にそばかす。肉付きのいい腕と上腹部は，思春期の少年がその食欲において健康であることを示している。からだは成長期を迎え，ポテトチップスにソフトドリンク，そしてピザもよりどりみどりで口に運ばれているのだろう。中学に入ったとき，私の後ろの席に座っていたのが，彼だった。だらしなく前屈みで，脚は伸ばしたいだけ伸ばして，落書きをしていた。彼はたいていの日は人畜無害に見え，その残忍さの犠牲者を見つける要領を心得ていない教師にとっては，存在すら忘れがちなありきたりの生徒に過ぎなかった。

　今でも私はしばしば，ジェフリーについて，そして彼が私をどんなふうに扱っていたかについて考える。ある意味，私たちは，7年生の最初の3カ月間，互いに糊のようにくっついていたのだ。ジェフリーは立ち上がるために誰かの肩を必要とした。自分が見下すことができて，脅しをかけることができて，そしてからかうことができる相手が。月並みな子どもたちの掃き溜め——安定した田舎のコミュニティで育ち，勉強で抜きん出ることもできない下流階級の子どもたちのあいだに広がる絶望と先の見えなさ——から抜け出す方法を探そうと思ったなら，そんな誰かが必要だったの

だ。ジェフリーは自分がどこにも進めないことを承知していた。あとちょっとで名声に手が届くところまできても，彼の解決策は決まって文句をつけられる運命にあった。

　私はいいカモだった。モントリオールから北部のその小さなコミュニティに引っ越してきたとき，私は11歳になる直前の飛び級生徒だった。ジェフリーと私は中学の最初の年に出会ったのだが，その年，私は他の少年たちよりも少し小さかった。勉強はよくできた。提出すべき宿題には何であれ集中するのが好きだった。地方紙のボランティアレポーターでもあった。たいていの日，教師たちは私に好感を抱いていたが，もっと正確には，彼らは，もっと注意が必要な生徒に忙しく，私をないがしろにすることができたのである。

若者がサバイバルする多くの方法

似たような背景，異なる行動

　奇妙なことに，ジェフリーと私の育った家族にそれほど変わりはなかった。ジェフリーは専業主婦の母親がいる労働者階級の家庭で暮らしていた。そして，彼の兄は警察と一悶着あり，父親はアル中だという噂が流れていた。

　私も労働者階級の出だったが，ようやく中産階級にはい出してきたところだった。父親は静かな男で，何でも自分ですることができた。母親は，父親が夜間高校を出るまでは工場の床掃除を続けていた。しかし，私たち家族には，問題飲酒ほど人様の目に触れるものではないにしろ，1つの秘密があった。母親が何年もうつ病に苦しんでいて，社会的に孤立し，それなりに虐待的な女性だったのだ。彼女は，テレビや見せかけの友達の輪を介して人生を中古品として経験するしかなかった。父親は引退する前に，ほとんどの時間を不在とすることがベストだと発見し，仕事に時間を割くことによって世間体を繕った。つまり，不平を言わないワーカホリックである。

しかし，もちろんのことながら，ジェフリーは，私のことなど露ほども知らなかった。私たちはコミュニティの新参者であり，引っ越して1年が経っても，まだ私は，いつまでも年の差の縮まらないクラスメイトにとってあまり知られることのない存在だった。ジェフリーの私に対する虐待的行動によって，7年生の最初の3カ月間は，長く，恐ろしい強行軍となった。胃が痛くても欠席の理由にはならない。ランチのあいだにどこかに隠れても，あざけりやパンチ，それに脅しから逃れることはできない。なぜなら，私は決まって必ず，善意で規則重視の教師によって，私の秘密の場所から引き抜かれ，運動場で無理矢理遊ばされたからである。もちろんのこと自分が何を経験しているのか，誰にも言えるわけなどない。

どんなことだってやる

これが唯一のおそろしい経験だと言えればよいのだが，そうではない。とはいえ，私はジェフリーにひとかたならぬ感謝を感じている。花開くのにさらに25年かかるとはいえ，1つのアイデアの種を彼は播いてくれたのだから。今になってジェフリーのことを思い返してみても，私は，彼が悪い行いをする悪い子どもだとは考えていない。むしろ，毎朝ベッドから抜け出して，自分に「今日も，サバイバルに必要なことは何だってするぞ！」とシンプルな約束をする自分と同じ子どもだったと思っている。実際，彼はそうだった。彼は，自らの資源を活用して，極めてうまくサバイバルしたのだった。

> 子どもたちの行動を変化させようと急かすあまり，私たちは，そうした行動が子どもたち自身にとってはいかに道理にかなったものであるかを見過ごしている。大人の私たちが彼らを導こうとしても，彼らが，「すでに手持ちの札でもって自分にできる最善を尽くしている」ことを私たちが理解していると確信しなければ，彼らは忠告を聞こうとはしない。

リジリアンス

　ジェフリーは，リジリアンスが本当はどんなことなのかを私に教えてくれた。7年生のときに自分がその言葉を使ったかどうかは定かではないが，確かに学んだのは，人々は，手中の資源で自らの存在を最適なものとすることで，いかようにもサバイバルするということだ。通常，人生の大いなる逆境を克服する人々の能力をリジリアンスと呼んでいる。リジリアントな子どもたちは2つのグループに分かれる傾向にある。予想に反するグループと予想に反する以上のことを成し遂げるグループである。

逆境にうち克つこと

　リジリアントな子どもは，彼らよりもはるかに少ない問題しか抱えていない子どもと同程度の成功を収めたとき，逆境にち打克ったと言える（Fraser, 1997）。これらの生徒は，多くのさまざまな難題に直面して成長する。難題はときに，性的虐待や親の死のように，急に起こり一度しかないものもあれば，いつ終るともなく日常生活の一部になっているものもある。そこには身体的虐待，危険な家庭環境，無防備な学校，貧困，ないし介護をする責務などが含まれる。

逆境にうち克つ以上のこと

　逆境に打ち克つ以上にリジリアントな生徒は，逆境を乗り越える努力を重ね，そこから何かを学び取り，そして思いのほか成功する。ときに私たちは彼らを「傷つけられない子どもたち（invulnerables）」と呼ぶ（Anthony, 1987）。この用語は誤ってはいるものの，若者たちが悪戦苦闘を重ね過ぎて対処できないときでも，彼らは私たちの賞賛を手に入れる。

　子どもたちは成長し，変化する。彼らは，メリーゴーラウンドの子馬に乗ったり下りたりするように，いとも簡単に役割についたり下りたりする。サバイバルは，今日あることを意味したとしても，翌日には新奇で新しいものを意味する。唯一確かなものは，不確かさだけである。

私の臨床と研究において若者たちが教えてくれたことは，これらの変化を通して，彼らは自分自身について言うべき特別な何か，つまり権力と受容の希望に次なる革命をもたらす何かを求めているということだ。

3つのサバイバル戦略，3つのアイデンティティ

　若者が言うことを理解できれば，私たちは，彼らが選んだ行動に道理（reasonableness）を感じることができる。中には，自分の得意な1つか2つの手を最大限に利用するばかりで，特定のパターンにはまってしまう者がいる。私はこのような若者を，本人たちの許可を得てパンダと呼ぶ。結局，パンダは変化する能力がほとんどないのである。自分がどこにいるかにかかわらず，彼らはごくわずかの種類の笹しか食べず，それができなければ死滅するのだ。適応ができないのである。それが，中国における伝統的山岳地域の破壊がなぜ彼らの生存数にとって決定的な意味を持つかを証明している。

　第二の若者グループは，もっと適応的ではあるものの，それほど安定しているわけではない子どもたちだ。彼らは，自分が入り込んだ新しい状況に応じて変化し，新しいアイデンティティを試すものの，自分が何者なのかを正確に宣言することはできない。このようなティーンエイジャーはカメレオンのようだ。このトカゲに似た生き物は，いかなる環境にも適応すべく自分の皮膚の色を変えることが神秘的なほどにうまい。複雑で色とりどりの背景模様にさえマッチすることができるのだ。

　最後に，第三の若者グループは，地に足の着いた自己感覚を持っているようだ。彼らはヒョウであり，自分が何者かを自信をもって宣言し，自分を特別な仕方で見るよう世界に要求する若者たちである。こうしたティーンエイジャーを見ると，ものういヒョウが木の低い枝の上で休んでいるところが思い浮かぶ。そのリラックスした姿は，サバイバルと適応のためのよりパワフルで危険な能力を秘めている。ヒョウには幾種類もあるが，それぞれはいくつかの異なる気候の中で成功することができる。

> ## 3つのサバイバル戦略
>
> 　子どもたちはパワフルなアイデンティティを創造するために3つの戦略を使う。
>
> ⇨　パンダは，どこにいようと，誰といようとも，1つのアイデンティティにしがみつく。
> ⇨　カメレオンは，サバイバルのためにそこに溶け込む。
> ⇨　ヒョウは，コントロールできる者として自分を見るよう他者に主張する。

　これらの動物のどれかのようにふるまう若者たちが行動するとき，私たちはそれを好んだり嫌ったりするだろうが，それは，私たちが若者の行動をどのくらい道理にかなったものとして受け入れるか，そしてその行動を受け入れられる状況かどうか（たとえば，その行動は教室の中でのことなのか，運動場でのことなのか）に左右される。若者がしていることにかかわらず，この3つの人生アプローチは，若者が他者といるときも自分らしく在るためのパワフルな方法を育て維持する難題に若者が対処するのを助ける。

> 　**私**たちは，食事を変えないことからある若者をパンダと判断するわけだが，最善を尽くすべきだとパンダを非難しているわけではない。同様に，一貫性のないことからカメレオンを，直進性からヒョウを判断しているわけではない。十代の若者は，さほど幸運ではない。私たちは，彼らが大人から見てフィットしている行動，つまり私たちの指示に一致した行動をするよう主張している。このような，私たち／彼らという思考は，もちろん，どこにも私たちを運んで行ってはくれない。

変化を歓迎する

　若者は，パンダのように振る舞って1つのアイデンティティに固執していても，カメレオンに似て自分の見られ方を絶えず変え続けていても，あ

るいはヒョウの自己主張と適応性を身につけていても，まったく正常である。それぞれの役割は，私たちに好かれもするし嫌われもする仕方で表現されることだろう。結局，大人にもパンダはいるし，カメレオンもヒョウもいるわけだ。大人がどんな車に乗っているか，どこに住んでいるか，そしてどんな友達がいるか，ちょっと見てみるといい。カメレオンであれヒョウであれ，彼らが世間に見せている顔は十人十色だし，どんなふうに見られたいかもさまざまである。彼らは，新車販売業者が大好きな人々であり，それなりに乗っただけの車をいつも最新モデルに変えたがる。

　では，本題に入ろう。私たちが教室や面接室で出会う「問題のある」子どもたちはしばしば，私たち大人もかつてワイルドで愚かだったことを思い出させてくれる。私たちとて異なる自己表現をさんざん試したではないか。私たちが若者を前にして最もうろたえるのは，私たち大人にガードを下ろすように，つまり，こうあるべきだという世界についての確信を少しだけ緩めるように挑戦してくるからではないだろうか。ハリール・ジブラーン（Kahlil Gibran, 1923/1982）は，『預言者』の意味深い智恵を書いた人だが，こう言っている。「脱皮することができず，他の者全員こそ裸で恥知らずだと呼ぶ年老いた蛇がいたとしたら，どう思う？」（p.36）。子どもたちが私たちをまごつかせるのは，その粘り強さのせいだ。彼らは，急速な変化でも私たちをまごつかせる。「どうして私の言うようにできないんだ？」と私たちは考える。だけど，そのとき，私たちが新しいアイデンティティを試すつかの間の方法には，何が起こっているのだろう？

> **大**人は変化を，恐るべき何かと見なす。子どもたちは変化を，回避できない何かと見なす。必然性に対処するために，子どもたちは，違う仮面をつけて異なる役を演じる練習を必要としている。教育者とかケア提供者としての私たちの仕事は，彼らが新しいアイデンティティを試す機会を提供することである。

権力と自己定義

彼ら自身の言葉で

　大人として私たちが抱えるバイアスによって目隠しされることがなければ、若者たちやその仲間が、健康について、アイデンティティについて、そして人生を進めるのに私たちが創造するストーリーについて、私たちに何を教えてくれるか、じっくり観察することは興味深いものであろう。「問題のある子ども」というラベルを貼られるすべての若者に関する古い神話の正体を暴露するには、ものごとが実際はどうなっているのかを語るもっとパワフルなストーリーが必要になるだろう。ティーンエイジャーのアイデンティティは、本人たちがもっと知ってほしいと願うものであり、彼らが教室の中でも外でも構築しているものであることを私たちが知れば知るほど、彼らのパワフルな真実を聞くことにより成功するようになる。

　本書で紹介されるストーリーの登場人物である若者たちは、私たちが若者について信じている事柄、そしてその根拠について再考するのを助けてくれる。若者の智恵は、若者についての新しい神話と健康に向けての推進力についての基礎を提供してくれるだろう。季節の変わり目に気候の差し迫った移行を告げる三月の嵐のように、子どもたちやティーンエイジャーの問題行動は、もしも私たちが彼ら自身の言葉でそのストーリーを聞き取るだけの時間をかけることができれば、しばしばリジリアンスを予告する。

ラベルを選ぶ

　メンタルヘルスを定義する力を十代の若者たちにいくらか委ねるならば、私たちは、彼らやその仲間たちが、健康と言われ受容されるためなら、そして自分たちが他者との関係においてパワフルであることを経験するためなら、彼らに必要なことを何でもすることを学ぶだろう。この権力は、他者に対して行使する権力ではなく、ミシェル・フーコー（Foucault, 1972/1980）のような哲学者たちが「毛細血管」と呼んだ、相互性のある拡

散した権力のことである。私たちの肺の小さな毛細血管が，酸素を血流に乗せる上で重要な役割を果たしているように，私たち1人ひとりが，誰がパワフルで誰がそうでないかを決定する上である役割を果たしていると言ってよい。

　実践的な用語で言うなら，これは，私たちが社会において自分たちの役割を上演するとき，コミュニティが私たちや他者を記述する方法に対して，自分たちの声をつけ足していることを意味している。もしも私がジェフリーのようないじめっ子であるなら，いじめっ子であるということは良いことなのか悪いことなのかを決定する上での他者の大多数（ないし少数）の声に自分の声をつけ足すことによって，その言葉についての異なる理解が経験しやすくなる。ジェフリーの親しい仲間内では，いじめっ子であるということはパワフルであることを意味していた。そしてジェフリーはそれを心得ていた。ほとんどの人々にとって，いじめっ子だと呼ばれることは侮辱である。そうだとしても，ジェフリーのこころの中では，いじめっ子であることは，彼の手が届くもう1つの背負うべきラベル（思うに，これは彼の目には権力の低下と映ったのではないだろうか）と比べれば，いまいましくも微かにましなものだったのである。誰が，とどのつまり,「バカな奴」と言われたいだろう？

　ここで良い知らせがある。大方の若者はパワフルな自己定義を欲しているが，それはそれを失う他者の犠牲を前提にしているわけではないことだ。問題は，権力は希少品だという神話を抱えるこの世界において，私たちが，自分たちの幸福が別の人を犠牲にして訪れると信じるようになっていることだ。事実，大学生を対象にした最近の調査では，こんな結果が出ている。小グループに分かれた参加者は，グループの他の全員に2万5,000ドルが渡されて自分は5万ドルをもらう場合と，グループの他の全員には20万ドルが渡されて自分は10万ドルしかもらえない場合には，どちらを選ぶかと問われた。学生の大多数は，前者を選択したのである（Dr. Richard Laynard, Anderssen, 2004 に引用）。彼らの幸福は，他者のより低い状態と直接関連していたのである。

それでも，私がいつもインタヴューするトラブルを抱えた若者たちは，<u>互いに敬意を抱くことができるとき</u>，他者の自己定義をパワフルなものとしてはるかに受け入れやすくなると言う。少なくとも，私が出会うトラブルを抱えた十代の若者においては，彼らの態度は，同年齢の他者と比べて自分たちの状態がどうのこうのということにはほとんど関心がなく，ただ「金をつかんで，逃げる」といった感じである。彼らが，個人として自分自身について何か言うことができるほどユニークでパワフルなら，彼らは満足なのである。これは，若者たちが私に教えてくれたほとんどのことと同様，問題を抱えた十代の若者について，そして彼らが考えていることについての従来の智恵に反するものである。

介入としての置き換え

どのようにしてリジリアンスを達成していくつもりかという，ティーンエイジャーたちのときに問題を孕む決定に関して，私は許容を奨励する。なぜなら，私が反対する行動というものが，強制によっては滅多に矯正されない（されたとしても，たかだか一時的なものだ）からである。若者たちはそれを私に提示してくれた。そこで私は，彼らの行動を<u>健康の探求</u>として理解することにした。私の信念は，<u>抑圧よりも置き換えをするべきだ</u>というものになった。

若者の，危険で，非行と呼ばれる，逸脱した，そして障害的行動に対する別の選択肢＝オルタナティヴを彼らに提供する方法を私は探す。しかしながらオルタナティヴは，若者が問題行動を通して達成するのと同じ質の経験を提示できなければならない。

これから紹介するように，いじめに限らず，薬物使用から性的逸脱，そしてズル休みなどさまざまなその他の問題行動はどれも，若者にとって魅力的である。なぜなら，それらは，若者の権力，娯楽，受容，ないしコミュニティへの意味ある参加感覚というニードを満たすからだが，これとて若者が私に教えてくれた（し，研究も支持している）問題行動から得られる

数ある利益のうちのいくつかをあげたに過ぎない。もしもこれらの行動から若者たちが遠ざかるのを援助するつもりなら，若者が言うところの「悪」でいることから得られる良いことを理解しなければならない。教室内外での生徒の問題行動のもっともな理由を理解し損ねると，若者を新しい機会という利益に導くオルタナティヴを提供し損ねることになる。

ティーンエイジャーはよりしばしば，彼らの幸せの脅威となるものから逃げるよりも，パワフルで自分を滋養してくれる何かに向かうものである。

置き換え

若者がアイデンティティを別のものに置き換えるよう援助するためには，3つの目的を満たさなければならない。

⇨ 若者自身が異なるもののパワフルなアイデンティティを経験する実践的方法を提供することによって，彼らを新しくポジティヴな行動へ導く。

⇨ 生徒を知る（しばしば怖れる，ないし嫌う）人々が，彼らの属性を示す新しいアイデンティティを通して彼らを評価する機会を創造する。

⇨ 若者は，パワフルで社会的に受容可能なアイデンティティの置き換えを提供できる人々となら，敵対することなく同盟を結ぶ。

ストレングス資源のグレードアップ

もしも私たちが，教室内や運動場や地元での生徒の混乱した行動を止めようとするなら，彼らの非慣習的で破壊的なストレングス資源の代わりに，彼らが健康で人生をコントロールできることを自覚させてくれる慣習的でパワフルな機会を受け入れてもらわなければならない。しかし，私たちが提供するものは，彼らが非慣習的な健康戦略から得られるのと同じ利益を保証しなければならない。同質でありながらより社会的に受容されるものを見つけることがしばしば困難なのは，若者のニードを個別に満たさなけ

ればならないからである。幸いにも，良い教育者はしばしば，生徒のニードを正確に把握している。問題は，よりしばしば構造的拘束にある。それは，学校側や管理者が，ケースバイケースで対応する，ないししようとするのを阻止するからである。

クリスティーヌ

14歳のクリスティーヌは，たいていの日をグループホームで過ごしている。それは彼女の選択ではなく，家庭生活の方がひどいことを承知しているので，その措置に耐えていたわけである。家には食料もなく，母親はアル中に苦しんでいて，虐待的な父親は最近のコンビニ窃盗にかかわっていたと噂されている。クリスティーヌはそれに適応してサバイバルしている。彼女は気乗りのしないカメレオンであり，近づき難い若者を演じるのが一番だが，教師たちにはそれぞれに応じていろいろな態度を取り揃え，はねつけたりしてもいた。ただし，自分に援助が必要であることもわかっていた。母親の轍は踏みたくないのである。困ったことに，彼女は自分の人生をどのようにもっていったらいいのか実際には知らない。

私たちが出会ったのは，ガイダンスカウンセラーの紹介による。クリスティーヌには，1,500ケースの子どもたちを切り盛りする人の援助よりも多くのものが必要だった。彼女のカウンセラーは，クリスティーヌが新しくパワフルなアイデンティティを発見するよう援助するためのもっとよい措置が得られるべきだと考えていたので，それは面目ないことだった。結局，私たちは，カウンセラーが参加できるときにはいつでも必ず同席の上，面接をした。

学校が終わると，たいていクリスティーヌは馴染みのエリアを徘徊した。そこは，中産階級の人々が住む郊外の端にあるグループホームからは，10ブロックほど離れていた。クリスティーヌは元の学校や，旧友，それに元のライフスタイルが好きだった。たとえそれがリスクをつり上げるにしても。彼女はすでにSTDを患っていて，妊娠したと考えていた。他の少女たちとの騒々しい喧嘩によって，目の周りに黒あざを作ってもいた。タバコも吸っていた。そこを巡

回する警察官は彼女を名前で呼んだが，それはクリスティーヌにとって誇りでもあった。

　クリスティーヌは私に，徘徊は心地よく，人生は予見可能だと言った。本人によれば，最大の難題は，夕方冷えて暗くなってきたときに居場所を見つけることだった。

　学校は，彼女の1日の中断である。登校するのは，そうしなければならないからだし，グループホームにはいられないからでもあった。それができなければ，より制限の多い居住配置である，精神保健治療センターに行かなければならなかった。彼女はそこを「子ども監獄」と呼ぶ。

　ただし，私が驚いたのは，クリスティーヌが毎日登校していることだった。しばしば居残りさせられたり，宿題をしていくことは滅多になく（たまにはあったが），そしていつも1週間に1つか2つ授業をさぼりながらも，登校は続けていた。彼女は担任の社会科教師が好きなのだと言った。人生に抱え込んだ数々の問題にもかかわらず，なぜ学校にしがみつくのかと聞かれると，彼女は「わかんないわ」とぶつぶつ言った。しかし，その後，彼女は少し活気づいた。

　「君のその他の生活とは違うことが，学校にあるの？」と私は訊き直した。今度は彼女も答えた。

　「マクナッハ先生は，私がいないことに気がつくの。私を見てるのよ。他に誰もそんなことはしない，本当よ。グループホームだって，規則があるだけだから」

　マクナッハ先生の教えるトピックは役に立ってもいた。社会科はクリスティーヌの興味をそそり，彼女は街頭演説台の上に立ち，「外では」ものごとが実際にはどうなっているのかを誰彼となく議論するのが好きだった。彼女は，人生を変えるには何をすべきかまったくわからなかったが，自分の人生を恥じてなどいなかった。

　「ときには，教師の目を覚ましてやらなきゃならないの。彼はカナダの出身じゃないの。たぶんウクライナかその辺りだと思う。だから子どもたち

についてあまり知らないのよ。それでクラスメイトはいつも彼をバカにするんだけど，少なくとも彼はうぬぼれ野郎じゃないから。私は彼を困らせたりしない。でも，私たちがやっていることがせいぜいタバコを吸うことくらいで，みんな処女だと思っているようなら，私たちはほとんど問題のある生徒ということになるわね。こう言わなきゃならない。——目を開けなさいよ。ほら——そして彼は話を聴くの」

より重要なことは，クリスティーヌが（現代の若者の現実について教師を教育するという）社会活動家としての彼女の新しいアイデンティティを試そうとするとき，彼が話を聴くことである。マクナッハ先生は彼女に，話をする，つまり問題のある子どもではなく専門家の役割を果たす空間を与えたのである。

クリスティーヌのガイダンスカウンセラーは，2, 3回の面接後に合流した。私たちは，クリスティーヌとマクナッハ先生の時間について，多くの時間を割いた。誰も彼女が彼をそれほど好きだとは知らなかった。それは，クリスティーヌの教育計画を変更するのに役立った。学校側は彼女を無期停学にし，破壊的な若者のための特別学校に転校させると警告していたが，この微かな希望によって，彼らはクリスティーヌを学校生活に引き寄せるべく懐を拡げることにした。驚くべきことに，彼女は地元の子どもたちのためのチュータリングプログラムに参加するよう誘われたのである。7年生の勉強からはしばし離れることになるものの，彼女は参加を歓び，自分より小さい子どもたちとの仕事に生まれながらの才能を発揮した。子どもに教えることがなぜ上手なのかと訊かれ，彼女は「ふたりも弟がいるわけだから，それだけのことよ」と答えた。

驚くほど目立たないもの

さらに重要なことがある。私たちは，クリスティーヌの許可を得て，マクナッハ先生と話をした。物静かな男性で，クリスティーヌが彼の授業をそれほど気に入っていると聞くと，とても驚いていた。彼女と勉強するのに，特別なことをしたつもりは一切なかった。彼の目には，多少「ずうずうしい，

歯に衣着せぬ」少女に過ぎず，出席もまばらであった。彼は彼女を気に入っていたし，彼女が自分の教える科目を好きなことも知っていたが，それ以上には，授業中に彼女から目立つ印象は受けなかった。

奇妙なことに，と私たちは考えるものの，若者が自分に必要なものへとさまよい出ていく方法は，最もそれにふさわしからぬ場所で発見されるものだ。私たちは，クリスティーヌの先生を面接に招待して，彼女の授業参加について本人と話してもらうことにした。彼は，自分が始めようとしている地域食料銀行プロジェクトを手伝ってくれないかと彼女を誘った。驚くべきことに，クリスティーヌはその誘いを受け入れた。

> **私**たちの提供するものが，若者の慣習的とは言えないものの追求と同様に満足のいくものであるとき，彼らは変化への誘いを受け入れるものだ。

クリスティーヌとの面接は，その後2，3回で終結した。彼女は，家族カウンセリングは望まなかった。第一に，居場所を求めていたのである。その代わり，私はドアを開けたままにしておき，もしも彼女が厳しい状況からはい出す必要を感じたなら，ガイダンスカウンセラーか教師と話すよう彼女に奨励した。私は，彼らは彼女を有能な若者と考えているので，サバイバルについて造詣の深い人から援助を求められるのを栄誉に感じるだろうと伝えた。また，カウンセラーと教師には，もしも学校のフェンスの向こうがわのコミュニティにおいて，ものごとが「実際にはどうなっているのか」アドバイスを必要とするなら，そのときはいつでもクリスティーヌに援助を求めるよう伝えた。

ナラティヴ介入

クリスティーヌとの面接は，私が若者やその教師やカウンセラーと交わす会話の典型例である。以下の頁では，クリスティーヌとのあいだでうま

くいった戦略のいくつか，およびこれらの戦略をどのように「問題」の生徒との仕事に盛り込めるかを議論していきたい。

このアプローチは，ポストモダン・カウンセリングとして知られるようになったものに基づいているが，それはケネス・ガーゲン（Gergen, 2001）やシェイラ・マクナミー（McNamee & Gergen, 1992）のような心理学者やエイドリアン・シャンボン（Chambon & Irving, 1994）のようなソーシャルワーカーなど多くの人々によって理論化されたものである。ごく最近では，彼らのアイデアは，マイケル・ホワイト（White, 2000），ジョン・ウィンスレイドとジェラルド・モンク（Winslade and Monk, 1990），デヴィッド・ナイランド（Nylund & Ceske, 1997 ; Nylund & Corsiglia, 1996），そしてときに自らを「ナラティヴ・セラピスト」と呼ぶ多くの人々によって，臨床，教育，そしてコミュニティでの援助アプローチへと発展した。それらをひとまとめにすることで，善意はあっても首尾良くいかない専門援助者（教師であれ，カウンセラーであれ，ソーシャルワーカーであれ，心理学者であれ，あるいは強制介入権を持つ子どもと若者のためのケアワーカーなどのどの職種であれ）が典型的に遭遇する抵抗を回避するための，若者とのより良い関わり方が見つかるのである。

「問題の十代」の4つのD

私たちのコミュニティにおいて最も注意を引くティーンエイジャーは，危険か，非行か，逸脱か，あるいは障害を抱える若者たちである。しばしば彼らは2つ以上のラベルを貼られている。ナラティヴな技術を用いる介入者は上記の問題を，繰り返し語られ，当の若者を「問題の十代」とラベルする権力のある人々に支持されたストーリーだと考えている。それぞれのラベルは，マジックテープのようにぴったりと若者に貼り付き，一方で若者の選択肢を限定し，その一方で，彼ないし彼女の傷つきやすさをいかにして行動化するかという完璧な台本を提供する。世界中の若者が，自分は危険で，非行で，逸脱していて，あるいは障害を抱えていると確信し，その価値を証明せんとそれぞれの役（割）を演じようとする。そうしない

はずがなかろうか？ 選択肢がほとんどなければ，若者たちが言うように，手持ちの札を切るだけなのだ。

危険な若者 Dangerous Youth

潜在的に自分自身ないし他者に危害を加えるというリスクを冒すことで，私たちを恐がらせる若者たちのことである。彼らは，オートバイをすごいスピードで乗り回したり，いたずらをしたり，火災報知器を無闇に押してみたり，コンドームなしのセックスをしたり，家出をしたり，そして自分自身や仲間を危険に陥れるその他の無謀な行動をしてみせる。危険な若者はたいてい，刑務所と精神疾患診断のスティグマを忌避する。

非行の若者 Delinquent Youth

司法システムによって同定されたか，警察か裁判所とのかかわりを持ちそうな若者が，非行少年と呼ばれている。非行の若者は，法を破るか，法を破るぎりぎりのことを我が身の危険を冒してまでやってみせる。万引きならまだましで，自動車泥棒さえすることがある。彼らは派手な喧嘩に巻き込まれたり，いじめにいそしむ。そして，路上でサバイバルするためには，売春やドラッグ密売にさえ手を染める。

逸脱した若者 Deviant Youth

これらの若者は社会的不適合である。社会的規範を破る少年たちである。法も破るかもしれず，精神保健問題を抱えるかもしれない。さらにしばしば彼らは，コミュニティの他のメンバーが嫌な思いをするというだけの理由からそれをやってみせる。不幸にも，コミュニティによっては，ゲイ，レズビアン，ないしバイセクシャルであることが外見上からわかるだけで，このラベルを貼られることになる。他では，ストリートチルドレンが逸脱した若者と呼ばれたり，ネットサーフィン漬けになって部屋に引きこもる子どもたちもこの範疇に入れられることになる。忘れてならないのは，逸脱というラベルは，時代や文化によって変わるということだ。

障害を抱えた若者 Disordered Youth

精神障害者と診断されたか，精神保健問題があると診断されそうな若者が，障害を抱えた若者として分類されている。障害はしばしば，若者の逸脱，非行，ないし危険性を説明するために使用される。素行障害や ADHD は問題のある子どものあいだではどこでも広く認められるラベルである。より深刻なものとしては，「ボーダーライン」ないし「自己愛的」と考えられている子どもたちや，「愛着」に問題のある子どもたちがいる。しかしながら，障害というラベルは，決して完全に科学的であるわけではなく，ある症状が精神障害のサインであるか否かは，絶えず変更されているのである。

こうした若者の通う学校，コミュニティ，家族，そしてそれにかかわる専門家たちはしばしば，自分たちが携帯するラベルに基づくできあいの人生ストーリーを子どもたちに手渡す。若者たちが自らについて語るこうしたストーリーは，若者と彼らの人生の専門家とのあいだで共著されて推敲に推敲を重ねられる。

パワフルな選択肢

より健康なアイデンティティを若者が見つけるよう援助するための第一原理として，私たちがリジリアンスと関連づけているのは，当人がパンダであれ，カメレオンであれ，ヒョウであれ，若者は問題行動の代わりのものを見つけなければならないということだ。私たちが進んで認めるか認めないかにかかわらず，クリスティーヌにとっては，ずる休みとその他のすべてが自分の人生に対するコントロール感覚を与えてくれていた。それによって彼女は，仲間内での地位を与えられたのである。それは勉強によってもスポーツによっても彼女には決して達成できないものだった。彼女は，友達が自分をどう見ているかに満足していた。自分のサバイバル方法が気に入っていたのだ。

代わりを見つけることは，彼女の目の前に同等の価値のある何かを置くことだった。いったん彼女のおしゃべりで逸脱した性格が適所（慣習的方法での上演が可能な場所）を見つけると，彼女は，炎にたかる蛾さながらに，そこへ引きつけられて行った。代わりがあるときには，問題行動はずっと容易に消滅する。

オルタナティヴは本人が選択するべきものであって，要求されてはならない

大人たちの信念にもかかわらず，なんらかの行動を止めるよう子どもに強要を試みる介入が有効であったという証拠はない。彼らが喫煙をやめるのは，やめるよう言われたからではなく，同じ経験をもたらし，より有効なお金の使い方となり，そして彼らの聴衆によって支持されるオルタナティヴ（それは，仲間と大人たちの両方にとって，タバコを吸っているときと同じくらい格好よくて，大人っぽくて，さらに人生をコントロールしているように見えるもの）があるからである。タバコを吸う人が激減しているのに携帯電話が一気に広まっているのは，不思議ではないだろうか？。「イカす」イメージを生み出す大人びた社会活動を売り込む点で，両者は同じ流行を売買しているのだから。

セックスでも同じことが言える。禁欲が成立するのは，子どもがオルタナティヴに魅了されているときだけだ。なんらかのライフスタイルとの同一化であれ宗教的信念セットであれ，それらは，性行為がもたらす特徴を置き換えていなければならない。説教が子どもの行動を止めると考えるなら，それは誤りである。介入が成功するための鍵は，よく練られたオルタナティヴを提供することなのである。

図1.1は，社会的に受け入れられているものと「問題」アイデンティティの選択とのあいだの関係を図示している。パンダ，カメレオン，そしてヒョウは，危なっかしくも，選択のあいだでバランスを取っている。他者が自分をどう見ているか，そして彼らが自分自身をどう見ているかによって，あちらにもこちらにも動くのである。私たちが教育者としてケア提供者と

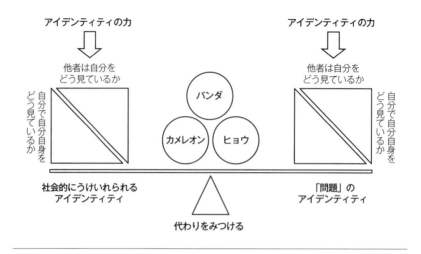

図1.1 パンダ，カメレオン，そしてヒョウのためのアイデンティティ選択

して，問題行動に対して社会受けのよいもので介入するようになると，私たちはこのバランスを取れるようになり，若者が自分自身や他者を傷つけずに生き残り成功する（これがリジリアントである）ティーンエイジャーというアイデンティティに向けて，ゆっくり動いて行く機会を提供できるようになる。

ネガティヴなオルタナティヴは激しい競争をもたらす

オルタナティヴを見つけることは，いつもこれほど容易なわけではない。運動場でドラッグを売り，微かな挑発にも誰彼構わず FU ◯ K！と叫ぶような生徒に，本当に何を提供できるのだろう？ 率直に言って，真実を認めるなら，たいていの場合私たちは，必要最低限の成績はとらせるとか，高校の卒業証書を出すとか，最低賃金を支払うサービス業ないし手工業の仕事を斡旋する程度の平凡な見込み以外に，提供できるものはほとんどない。

1 サバイバルとスライバル

　　正直に言うなら，ときに私たちは，若者が問題行動から見つけられるほどの権力，地位，そして富をもたらすようなものを彼らにほとんど提供できない。それを彼らに認めることが，現実的に手に入るオルタナティヴを彼らが探すよう援助する上での最初の一歩である。

ジェイミー

　ジェイミーはわずか12歳だが，すでに彼は大人サイズの問題を抱えている。近所に住む年上の少年たちのために何年も運び屋をやっていたのだ。しかし，いざ自分が薬物所持で告発される年齢に達すると，彼は思い切ってその世界にどっぷり浸かり，自ら薬物を売ろうと決心した。とどのつまり，彼にはすでに同じ年頃のお客がついていたのである。彼は少なくとも一見したところ，在庫のリタリンやマリファナ，それに売れるものなら何であれ，売るにも買うにもまったく目立たない存在だった。

　ジェイミーの父親は息子のことを心配していて，学校から電話があればいつでも喜んで学校に出向いた。しかしながら，ジェイミーに対して提示できるもので大人が合意できるものは，より厳しい規則と退学処分以外には何もなかった。本人は前者を鼻で笑い，後者はふたつ返事で受ける気でいた。そうなれば，徘徊する時間は増え，非行少年としてひとかどの者になるにはどうすればいいのかを年上の少年から学ぶなかで，犯罪の技術と人脈を確実に増強できるからだった。

　学校側は，名誉にかけて，できるだけのことは試みた。ジェイミーにスポーツの機会を与えようと道具も貸与した。スタッフはピアメディエイターのプログラム*にも誘った。さらなるチューターを用意したし，彼の読む能力について補習を行う専門家と会わなければならないときには，彼をからかったりしないよう生徒たちに周知徹底した。

　しかしながら，このような多面的努力もまったく功を奏さなかった。な

[訳註*]　子ども同士による対立解決プログラム

ぜなら，どれ1つとして，ジェイミーをストリートライフから引きずり出すことができなかったからである。薬物所持で彼が逮捕された後で，私は彼と刑務所で会った。彼は，「ぼくが何を心配してるって？　マリファナがポケットに入っていただけだよ。金は持ってるし。子どもたちのずっと先にいるわけさ。あいつらはぼくの欲しいものは何1つ持ってないのに，ぼくはあいつらが欲しいものを持ってるんだからね」

ジェイミーの辞書に降参の文字はなかった。彼は父親が目的を成し遂げるのにあくせくしているのを見ていた。彼の母親は，ジェイミーが3歳のとき，父親と彼を残して出て行ってしまった。継母は親切だったが，自分の3人の連れ子と，ジェイミーの父親と彼女のあいだにできたもうひとりの子どもの方を可愛がった。ジェイミーはネグレクトされたわけではなかったが，誰の人生にでもあるようなスペースが彼にはなかったのである。

テーブルを準備して，待つ

ジェイミーのニードは，担任教師個人にとっても，学校全体にとってさえも，大きすぎて，満たせないものだった。さらに重要なことは，ジェイミーは他のどれにも逃げ込まなかった。彼は幸せなパンダだったのだ。彼は，現在の自分にことごとく満足していた。

ただ，1つましなことがあった。留置所で過ごす時間が増えたことである。そこで彼は教育を受けた。犯罪者としてのスキルも身につけはしたが，それは彼の居住ユニットの自動ロック式二重扉の通過よりずっと前に，独力で終えていたことだ。私たちは皆，息を止めて待った。父親はただ頭を振りながら，できるだけ面会に訪れた。教師たちはこの時点ですでに彼を中学へ進学させ，そこでジェイミーが新しいスタートを切ることを望んでいた。それは決して容易なオルタナティヴではなかった。

ジェイミーのストーリーが，リジリアンスをもたらすパワフルなアイデンティティを若者が見つけるよう援助することに関する本で紹介されるのは，奇妙に思えるかもしれない。しかし，これが現実だ。まったく率直に言えば，ジェイミーの人生において，時間は私たち大人の側の味方である。

結局，ジェイミーのような子どもたちは，もっと多くを望むようになる。もっと年長の若者を見ていればわかる。そのような若者に私たちが提供できるのは，安全であり，彼らを心配する大人たちのコミュニティの継続性である。たとえ，その大人たちと安全が，留置所という形を取っているとしても。思い出すべきは，パンダは一種類の笹しか食べないということだ。たっぷりの品数を揃えたビュッフェ形式のディナーを提供しても，パンダが笹以外にそれほどの関心を示すとは思えない。「どうぞ，お食べ下さい」と言われても。……少なくとも，しばらくは。

　リジリアンスは，個人的能力であるだけではなく，若者のために私たちが創造する構造にも深く関連している。私たちが提示するオルタナティヴなアイデンティティを即座に選択しない子どももいるだろう。しかしながら，私たちは，彼らがいつか立派になっていくための機会を提供する構造をそこに置いておかなければならない。リジリアンスは，個人の性格特徴以上のものだ。教育者としての，親としての私たちの役割は，ジェイミーが腹をすかせたときのために，確実にテーブルを準備しておくことだ。しばらくは，待つしかない。

1　サバイバルとスライバル

3つのアイデンティティ
パンダ,カメレオン,ヒョウ

【ジャイアントパンダ】黒と白の特徴的な柄の熊のような稀少動物。学名 *"Ailuropoda melanoleuca"*。中国とチベットの二,三の山岳森林地帯に住み,竹の若い茎や根以外のものはほとんど食べない。
——『オックスフォード英語辞典』

私がモントリオールの街中にある YMCA で続けていたプログラムは,ストリートキッズに新しいアイデンティティを提示することを意図していた。しかしながら,彼女たちはそれまで自分自身のアイデンティティというものをあまり変更してこなかったであろうという私のアイデンティティ理解は,そこで一変した。仕事を通して,私はセントヘンリーやアットウォーター地区のスキンヘッドの汚名をそそぐ何かを発見したのである。こうした子どもたちはしばしば,暴力や貧困,偏見に直面し,そして福祉事業の恩恵にもあずかれずに成長してきた。もともと創造的な子どもたちではある。パンク,バンダル*,そしていじめっ子で,両親のコントロールはなく,ドロップアウト寸前であるが,いつでも元気いっぱいだった。彼女たちが他人を脅しても,私は彼女たちが好きだった。彼女たちが変化できると信じてもいた。実際,そうだったし,変化した。ただ,いつも私の予測がはずれたというだけのことだ。

私は YMCA に雇われて,彼女たちをストリートから引きずりだし,創造

[訳註 *]　かつてローマ帝国を蹂躙した蛮族。転じて公共物や他人の所有物を破壊したり落書きするなどのいたずら。

的で役に立つ活動（もちろんそれはYの指示する社会正義を満たすものである）に従事させた。しかしながらそういうワイルドな十代は，自ら，それも必ず逸脱した方法でドロップインセンターにやってきた。それ以外のことを私はなぜ期待したのだろう？　彼女たちは，通路にライターのオイルで炎の道をつくり，火災用スプリンクラーをいっぺんに作動させる先鞭をつけた。彼女たちは，私をからかいながら脅し，襟元をつかんで私の足を宙に浮かせたくらいだから，私とて，批判し過ぎたりうるさく言うのはほどほどにすべきだと肝に銘じたものだ。

　そんなあれやこれやにもかかわらず，彼女たちは誰1人として傷つけたりはしなかった。彼女たちなりのやり方で，YMCAで私たちが集めた新しい聴衆に彼女たちは感謝し，私たちの前で楽しそうにライフストーリーを上演した。彼女たちは，悪臭爆弾や，にわかには信じ難いエッチな武勇伝でスタッフを楽しませた。彼女たちは来たかと思えばすぐに出て行ったが，いつでも何かを探していた。何かを見つけた者もいたと思う。その何かとは，彼女たちを無価値だとか暴力的だと見なさない誰かへの得難い愛着であったかもしれない。彼女たちの個人性の表現法にいつも賛同したわけではないが，気づくと私は，無から有を生じる彼女たちの発明の才に敬意を払っていた。

　私が彼女たちのひらめきを気に入ったのは，それに気づいたからだ。多くの若者は，彼ら自身についてのあまりに薄い記述によって，どんづまり状態にある。彼女たちは自分自身について多くを語れなかったばかりか，街での彼女たちの振る舞い方とそれは何の関係もないとされていた。彼女たちがストリート・アイデンティティをもつ悪ガキ以上の者であることは確かだったが，そこでは，自分自身について語らなければならない言葉が必要だった。私は，そこに，多くの方法で知られたいという彼女たちの熱い願いを見た。抜け目ない行動パターンで孤立する中，彼女たちは，中国のパンダ同様，確実に絶滅の淵にあった。

どんづまりのパンダ

　行動変化に最も抵抗するハイリスクの若者の多くが，1つのライフスタイルに固執する者でもあるのは，驚くにあたらない。彼女たちが自らをパワフルだと感じる，成功をもたらすアイデンティティは，1つしかない。私は臨床実践の中で，このような若者の多くに出会った。彼らは，どんづまりから出られない根本的な理由を説明をしてくれる。それは変化できないからではなく，彼女たちが言うには，家族，学校，コミュニティ，そして援助を提供する専門家たちが，<u>よりパワフルなアイデンティティを提供してくれないから</u>である。

　彼女たち自身をパンダと呼んでみることは，私の提案である。若者自身は「どんづまり」というフレーズを使う。しかし彼女たちは，アジアの森林に住むその大きな，むしろ危険で適応困難な動物と彼女たちとの類似性に私が注意を向けさせると，その新しい名前を嫌がりはせず，笑いさえする。

　もちろん，どの子どもも本当にパンダではない。このラベルは，ある種の行動をもつある種の子どもをある種の仕方で（たいていネガティヴに）見る，診断的ひとりよがりをふるい落とすシンプルな試みである。パンダは（そしてついでに言えば，カメレオンやヒョウも），それ自体であることが良いとか悪いというものではない。パンダとはあくまでも呼び名である。パンダにしてみれば，変化することのないぎこちない動きの野獣こそが，そうありたい姿なのである。それを評価するのは，その種自身ではなく，私たち外部の者である。

パンダを見分ける

　若者が，1つの狭い自己定義の漠然とした安全性の中でパンダのようにどんづまるとき，パンダであると見分けることができる。

- ▸ 外部の者にとっては，若者の問題行動が状況をこじらせていることはあきらかであるものの，若者はそれを何度も何度も繰り返す。

- 若者は変化の機会にほとんど関心を抱かず，学校でも家でも同じ仲間といることを好む。
- 若者の周囲の人々は，彼女を1つの方法で見て，それ以外の見方をしない。
- 問題にもかかわらず，若者は，状況を気にしていないと言う傾向が強い。若者は自己評価，自信，そして創造性がある印象を与えさえする。
- ティーンエイジャーの行動パターンは，しばしば自己破壊的である。
- 若者は，自分がやって欲しいことをしてもらうよう教師やその他の学校側の人々を操作するのがうまい。
- 若者は，教師やその他の権威のある人物にほとんど敬意を抱いていないし，より良い自己描写を提供してくれる援助を誰か大人が差し出してくれるとなどとは信じていない。
- 若者は，自分のアイデンティティが挑戦されたり，見下されたとき，危険な態度を取る。

　パンダにとって，人生は予測可能である。私たちは彼女の人生を，町から町へ巡業するロングランの公演だと考えることができる。もちろん，多くのアーティストがそれによって素敵な生活を送っている。しかし，変わることを好む者もいる。自分たちの音楽に新しい声を加え，そこに持ち込める新しい影響を探すのである。ジョニ・ミッチェルは，それで名をあげた。60年代に彼女はフォーク世代の智恵に声を与えたかのようだった。私はそうした昔のジョニも好きだが，彼女が自分のフォロワーたちに自分と一緒に成長していくことを要求したことに刺激される。『ミンガス（"Mingus"）』は，彼女のジャズへのインスピレーションに私たちを導いたし，神秘的でメロディアスでソウルフルな歌を集めた『逃避行（"Hejera"）』は，ポップスのすべての痕跡を置き去りにした。ジョニは人気曲のリサイクルを続けることもできたが，パンダとは違って，あえてそれをしなかった。

私たちは，見つけたいものをものを見つける

　どんづまりにある人々に出会うとき，私は，ある中国の寓話を思い出す。

3つのアイデンティティ——パンダ、カメレオン、ヒョウ

　ひとりの旅人がある村にやって来て，その村が住みやすいところかどうかをそこの人々にたずねた。旅人は，年老いた男とその息子に出会い，訊ねる。「1つお聞きしたいのですが，ここの人々はどんな人たちでしょうか？」

　「それはなかなか難しい質問だね」と老人は答え，聞き返す。「あなたの生まれた村の人たちはどうでしたか？」

　旅人は即答する。話を聞いてもらいたいのだ。「村人はいじわるで自分勝手でした。いつでもすぐに他人を評価するのです。だから私はそこを出て，どこか別のところで暮らそうと思ったのです」

　「それは残念でした」と，老人はためいきまじりに言った。「ここも同じようなものですよ。もっとお探しになるのがいいでしょう」それを受けて，見知らぬ人は去って行った。

　そのひと月後に，老人とその息子が畑で働いていると，別の見知らぬ人が近づいて来た。彼も落ち着く場所を探していた。再び老人は，旅人の村についてたずねた。

　「美しい所で，村人は助け合って暮らしていますし，いつでも和気あいあいで，人々は自らの幸運を互いに分け合っています。穀物をだめにする日照りさえなかったら，そこを逃げ出すことはなかったでしょう」

　「あなたはたぶん，この村を気に入るでしょう」と老人は言った。「ここの人々も同じです。あとで我が家にお寄りなさい。近所の者たちを紹介しましょう」

　見知らぬ人が老人に礼を言い，村に向かうと，老人の息子は父親に自分のとまどいを打ち明けた。

　「ひとりの見知らぬ人にはこの村は友好的ではないと言い，もうひとりには，私たちは歓迎するし親切だと言う。どうしてそういうことをなさるのですか？」

　「村はどちらでもないからだ。村には親切な人とそうでない人がいる。見知らぬ人は，自分が求めるものそのものを目にするのだよ，どこへ行こうともな」

パンダにもこのことが言える。彼女たちが出会う人々は，彼女たちを問題のある若者と見なした上で応対するかもしれないし，そうではないかもしれない。それでも忘れてならないのは，若者にも，他者が彼女たちをどう見るかに対する発言権があることだ。私たちの前で怒りを露にし，親切にしろと要求する若者たちが，この世界は（自分たちにとって）冷たく歓迎してくれない場所だと感じているのも，しばしばもっともなのである。ただ若者のパンダのような特質が挑戦を受け，他者との新しいかかわり方に導かれたときに限り，自分たちを違う目で眺め——もっと重要なことには——他者から違う目で見られるようになる可能性が生まれるのである。

環境が変わっても，パンダは変わらない

パンダの人生は，若者すべてが同じものを探していることをあきらかにする。選択肢がほとんどなければ，パンダは，家族からにしろコミュニティからにしろ，支援の欠如を痛感する。彼女たちは容易に順応しないし，成長して他の場所で必要とするものを見つけることはまずできない。彼女たちが考えるように，押しを続けて，何であれ彼女たちがすでに人生から得ていた芸術に磨きをかけるのが，はるかにましである。彼女たちを変えること，それどころか新しい可能性に耳を貸すよう彼女たちのこころを開かせることさえ，困難である。

あきらかなことに，ジェフリー（第1章で私が紹介した「いじめっ子」）も私も真にパンダではなかった。結局，ジェフリーは変わることができた。ただし彼は，私とのかかわり方においては，ほとんど順応することはなかった。彼は多くの選択肢を持っていなかったかもしれないが，少なくとも彼は，自分自身が重要だと感じるために私の肩の上などに立たなければ，私を完全に無視できたのである。

> 私たちは、どんづまりの若者に、彼女たちが自分で作り上げた方法がもたらすのと同じくらいの地位をもたらすオルタナティヴを提供することもできるし、私たちが管理できる多くの予測可能な関係や安全を提供する環境を、彼らの周りに形作ることもできる。つまり、彼女たちの選択したアイデンティティが機能する知識の安全性のことだ。

よくあることに、(進級のような)環境の変化が生まれ、それによる新しい要請は、順応しなければならない若者に降りかかる。しかしパンダ・アイデンティティが、ある混沌とした状況から次の状況へと引き継がれることはまずない。小さい子どもが四角い杭を無理矢理丸い穴に何度も何度も押し込むところを想像してみたらいい。パンダは、パンダがすることはうまくできるが、それを強調しているうちに、彼女たちの対処戦略は徐々に適応力を失っていく。

このような若者はあきらかに、ホームデコレーション・ショーの候補者ではない。そこでは、片方の家族が相手方の家の決定権を手渡され、両家が互いの家に入り、室内を装飾する。皮肉にも、それがパンダに似た若者の多くが経験することである。しばしば、教師は入れ替わり立ち替わりやってくるし、一家離散や、(子どもの行動が家族の対処能力を超えたときに介入するチルドレンズ・エイド*のスタッフによる評価によって)絶えず学校が変わると語る若者になる。突然、パンダは気がつくと、新しいルールのある新しい場所にいる。典型的には、彼女たちは、新しい場所においても(昔かなりうまくいったのと)同じ役割を演じることで対処する。パンダが、新しい状況に入れられるのを必ずしも拒絶するわけではない。ときにパンダは、流れに沿って進むこと、人生を渡されるがままに受け入れることが容易だと気づき、放り込まれた教室や家族がどんなところであれ同じパートを演じるのである。

[訳註 *]　Children's Aid：カナダ・オンタリオ州で児童の保護に携わる NPO。

ジャニス

　ジャニスは11歳で，家族や教師，それに隣人たちからも万引きで知られていた。実は6歳以後盗みをしたことはないのだが，その頃，数週間にわたってランチタイムには必ず学校の向かいのコンビニで，コートをお菓子で一杯にして帰ってきたのである。年齢からすれば離れ業である。学校の友達はすぐに彼女をはやし立てた。少女の母親のカレンは，共働きで家事でてんてこまいだったので，娘がいやいや参加していた課外プログラムに迎えに行くと，たくさんの友達に囲まれているジャニスを見て喜んだものだった。

　カレンにとっては，ジャニスの父親がちょくちょくどこかへ消えてしまい，家にいるかと思えば情緒的虐待を繰り返すのが悩みの種だった。彼は大きな銀行の会計マネージャーではあったが，娘の世話など一切しなかった。

　ジャニスが店主に捕まり学校に連れて来られるのも4度目ともなると，カレンも娘に問題があると認めざるを得なくなった。カレンは自らの名誉にかけて，娘の監視を強化し，校庭監視員たちと一緒になって自分もその仕事に携わった。しかしながら，ジャニスが作った友達たちは，すぐに彼女から離れて行った。さらに悪いことには，彼女は徐々に授業についていけなくなっていった。ジャニスはクラスメイトほど読み書きができず，算数がなんとかできるだけだった。あれほどのキャンディをたんまり盗んでこれる小賢しい娘が勉強ができないというのは，母親にとって驚きであった。

　こうなると，ジャニスの両親が娘の問題について話し合う段になった。過去の万引きは，ジャニスが直面するすべての難題に影を落とすことになった。ジャニスについては，家庭でのストレス，いざかいの絶えない両親，あるいは学校での見捨てられという社会的スティグマに対処している子どもというよりも「万引き」少女として考える方が，容易であった。もしもジャニスが彼女のものではない何かを自宅に持ち帰れば，すぐさま盗みを疑われた。そうこうするあいだに，ジャニスはどんどん抑うつ的になっていった。

　私が11歳のジャニスに会ったとき，彼女はもうずっと長いあいだ，盗みなどしていないと主張した。その代わり，両親がいつも喧嘩をしている毎日について，そしてその喧嘩の互いへの矛先がいかに自分に向けられるのかを語った。

本当のトラブルは，ジャニスが万引き少女以外の何者かであることを認めてくれる人間がどこにもいないということだった。人々を印象付ける方法がなかったのである。ずっと感じている無価値観を何とかすべく彼女に思いつく唯一の解決策が盗みに戻ることであったとしても，まったく驚きではない。彼女は実際それを思いつき，コンビニに入り，すべきことのリハーサルさえ行った。しかし，金目のものに手を出すのは止めて，彼女の言葉を使えば，チョコバーとキャンディで「盗みの練習」をしたに過ぎなかった。

　彼女はその結果を怖れてはいなかった。まったくと言っていい。もしも捕まれば，たくさんいいことだってあるのだから。両親に報復ができるし，おそらく彼女たちの問題も露見するだろう。少なくとも捕まるまでは，戦利品で友達も戻ってくるだろう。そうなれば，捕まることも1つのステータスである。刑務所で過ごす時間は彼女を特別にする，と彼女は言った。刑に服したきょうだいがいる友達もいた。彼女たちによれば，それで他の子どもたちからは尊敬されるのだった。ジャニスは，これこそ抑うつからの脱出策だと考えたのである。

　ジャニスは，多くの点で，パンダのように振る舞う若者の典型例である。彼女は，他者から押しつけられた1つのアイデンティティにどんづまりながらも，それを維持することに歓びを感じていた。しかし，その一方で，このアイデンティティではそれほど先に進めないこともわかっていた。万引き犯以外の何かになる必要を感じていたのである。そこで生じる問題とは……何か？　その答えが出るまで，ジャニスは，誰もが「やっぱりそうだった」と考える者になってしまうリスクを抱えたのである。

難局を乗り切る

　もちろん，パンダになることは悪いことばかりではない。事実パンダは，特別に困難な時期においてもすばらしい同盟を維持することができる。何が起きようとも同じ道を進むことができるのである。混沌が彼女たちをのみ込めば，それは自分自身を貫き通すことの達人であることを証明するチャンスである。創造性とは無縁なのである。

私の経験では，パンダは自殺を試みない。彼女たちは，すでに深くゆるぎないものとなった行動パターンを維持するのである。彼女たちは，できるだけ頻繁に着る物を変えたがる多くの若者の苦悩に悩まされることもない。この若者たちは，学校や家庭でどんな結果が待ち受けていようとも，自らの進路を進む用意ができているのである。

　パンダの行動が社会的に受容されるほどに幸運であるならば，彼女たちは特筆に値する。宿題をこなすにも１つの趣味を追求するにもバランスを代償にする強迫的な若者である。コンピューターの前に何時間でも座っていられるし，最新のファーストパーソン・シューター＊のビデオゲームのあらゆるレベルをクリアできる。彼女たちは，１つのことに精通した者として仲間内で高い地位を得る。それが名声をもたらし，人をいらいらさせないかぎり，私たちはたいてい彼女たちを賞賛する。

　パンダにおいてよいことは，以下の通りである。

- 彼女たちに向いた課題を粘り強く続けられること。
- 混沌ないし難題に際して，よく練られた対処法を使用すること。
- １つの特別な才能によって他者に知られること。
- １つのことをうまくやるという一般的な安全性と自信によって，抑うつと自殺のリスクを減らすことができる。
- 予測可能性。

　しかしながら，このようなパンダも，非社会的な方法で行動化をする若者と随分似た所がある。どちらも選択肢が限られている。彼女たちの安全と予測可能性は，監視人が持つ自由への鍵であると同時に，首にかけられた輪縄でもある。このような子どもたちにとって，ドクター・スースの『きみの行く道（"Oh the Places You'll go"）』は，子どもの未発見の可能性のインスピレーションに満ちた物語というよりは，悪夢なのである。彼女たちにとって，それは，自分たちが成功のためにきちんと手入れをしたまさにそ

［訳註＊］　プレイヤーがゲームの設定場面にいるかのような視点をとってプレイするシューティングゲーム。戦場や犯罪を再現した銃撃戦がテーマのものが多い。

の基礎を脅かす。平たく言えば，彼女たちはすでにいるところ以外でどこかに行きたいのかどうか確信が持てないのである。

> **パンダ**
> ⇨ パンダは，人生のすべてのパートにおいて１つのパワフルな自己定義を強化することによって，サバイバルする。
> ⇨ パンダは，新しい環境に適応するのがとても上手なこともあるが，それは自分を変えよという要請を単に無視するからである。
> ⇨ パンダ・アイデンティティは，パンダのアイデンティティ・ストーリーを強く維持する他者の存在にかかっている。

きみの行く（かもしれない）道

ときにパンダは，進むべき道の途上において，何度も繰り返し上演してきたアイデンティティに妙に安定するために，あるいはしごく退屈したせいで，リスクを冒すことがある。通常，なんらかの機会が生じたときに，パンダらしからぬことに，若者は，チャンスを捉え，人生が提供するビュッフェにおいてこれまでまったく試したことのないものを試すのである。それは，安全な環境と，パンダにその跳躍を許す機会の組合わせによる。

いかなる変化も，特に，若者が自分自身についての新しいストーリーを見つけるよう要請する変化は，不安を伴う。新しいストーリーは，古いストーリーを脅かす。彼女たちは，自分のパンダ特性に気づいている担任教師やカウンセラー，それに話を聴き理解する時間のある親によって変化を持ちかけられるとき，なぜ変化しなければならないのかと，合理的に疑問を呈する。若者は相変わらず，古いストーリーのほうが新作よりも心地よいのである。

若者が提供され，試すよう期待されるいかなる新しいストーリーも，それまで若者に維持されてきたストーリーよりも多くの，あるいはそれと同等の権力と敬意をもたらすものでなければならない。決定の際，パンダは，

カメレオン——異なる環境において自らをカモフラージュするために皮膚の色を変えることができる奇妙なトカゲ——よりもカメレオン的である。

> 若者の行動が，それが良いものであれ悪いものであれ，あるいはそのどちらでもないとしても，人生のどこかの時点でさしてうまくいかないということは，滅多に重要ではない。若者とカウンセラーは，問題行動がどのように，そしていつ，若者のためにうまく作用するか，あるいはうまく作用したのかを検討する必要がある。学校や家族，仲間，そしてコミュニティを変えるように言われている若者に，彼女たちにできそうでありながらも新しい人々や場所，そしてそれに付随する期待によりよくフィットする別の行動を提供するのが，技術である。

気まぐれなカメレオン

カメレオンのような若者は，他者が自分に向ける期待に合わせることの達人である。彼女たちは，学校の中のさまざまなグループの中をいとも簡単にあちらからこちらへと移動していく。こっちの反逆者たちと遊んだかと思えば，あっちの活動家たちと戯れ，必要とあれば，スマートな子どもたちと話し込んだり，芸術家肌の子どもとたむろする。彼女たちは，夫々の役割に必要な技術の修得の巧みさを印象付ける。また，1つのアイデンティティから次のアイデンティティへと，その身代わりの速さにおいても他者を魅了するのである。

> **カメレオン**
> ⇨ カメレオンは、しばらく一緒に過ごすことにした相手に合わせて、自分のアイデンティティを変え、順応する。
> ⇨ カメレオンは、相手の権力と特権の共有が許されるような関係性を選択する。
> ⇨ カメレオンは新しい人々を探し、出会うたびに、自分が求める新しいアイデンティティを創造する技術を誇りに思う。

キース

　キースは18歳の少年だが、11のときに2人の妹たちと共に、母親のカルメンから離されて育った。カルメンの妹が、カルメンは薬物に耽溺していて、子どもたちにひどいネグレクトを続けていると「子ども家庭サービス（Child and Family Service）」に通報したのである。子どもたちは、暴力や道徳的腐敗、それに夜通しの自宅パーティーを避けるために、友達に食べ物をたかり、よその家で泊めてもらわなければならなかった。

　子どもたちは最初、全員同じ養家に預けられたが、少女たちの行動が制御不能となり、ひとりの養親では対処できなくなったので、別々の養親の元に送られた。キースは16になるまでにおびただしい数の措置に苦しんだ。過去5年のあいだに、5人の養親と8人のソーシャルワーカーないしケースワーカーが彼を担当した。

　当時の彼を知る者は、彼が必要なものについて周囲の人々と交渉するのにとても長けていたと言う。彼は、どこで暮らすことになっても、友達のいる今の学校へ通うと言って聞かなかった。相応によい成績も維持した。母親への訪問も予定通りこなした。たとえ返事が来ないとはいえ、父親への手紙さえ書いた。そして、フットボール部や写真部のようないくつかの課外活動にも参加した。

　16になる直前、キースは、最後の養親へと送り出され、そこで暮らした。端から見れば、彼はサバイバーだった。自らが経験した混沌からなんとか這い上がった数少ない若者のうちのひとりだったのだ。しかし、それも、養家の12歳の弟が、自室の天井からぶらさがるキースを見つけるまでのことだった。顔

は真っ青で，からだはだらんと垂れ，意識はなかった。救急隊員はキースの蘇生に成功した。彼によれば，目が覚めたとき，奇妙な歓びの感覚があった。たとえ，すぐさま，自分のしたことについて他人が何と言うか心配になったとしても。

キースのライフストーリーは，彼をカウンセリングに導くエピソードさえなければ，刺激的なものだったろう。

自殺企図についてキースが語ったのは，2週間前に予定されていた学校主催の一泊スキー研修に友達と行きたかったのに，養親がその参加費用を出してくれなかったので腹が立ったということだけだった。彼はあまりに動転して，教師に助けを求めることができなかった。

キースは養家の弟を驚かせたことは申し訳なく思っていたが，「他にやりようがなかったんだ」と説明した。2,3週して彼は退院したが，その後まもなく，タートルネックで首の傷を隠して登校を再開した。彼は家の外では完璧に適応しているかのように見え，自殺企図はまずい判断例以上のものとはされなかった。

キースのような子どもに賞賛すべきところは多い。適応能力は彼の最大のストレングスである。しかし，代償は払わねばならない。学校のスキー研修に行けないことは，数多くある被排除感覚経験のうちの1つに過ぎない。その特別のエピソードに関する何かがキースに，自分は他の少年たちとは違うのだと感じさせた。彼のこころの中の何かが彼に，他の子どもたちはもう自分が合わせようとしてものってくれないだろうと感じさせた。彼は里子であることに動転しただけではなく，周りの子どもたちとは違うことも味わったのである。

カメレオンを見分ける

いかなる代償を払ってでも他者に合わせようとするキースのような若者に典型的な行動パターンを見るとき，私たちは，カメレオンである若者を見分けることができる。

- 彼女たちは，ヘアスタイル，洋服，そして仲間を頻繁に変えながら，新しいアイデンティティを次から次へと試す。
- 彼女たちは，他者のもつステータスを借りるために友達のように振る舞うことで，群衆を喜ばせる人である。
- 彼女たちは，大人たちを喜ばすことにも熱心である。自分が賛同しないときでさえ，期待されていることをすることで受け入れてもらおうとする。
- 彼女たちは，面目を失うことや，意見を述べなければならないのに皆から受け入れられている状態は脅かされるような場面に，非常に苦痛を感じる。
- 彼女たちは，拒絶による情緒的傷にもっとも傷つきやすく，他者からの注意を集め損なうときには自殺を試みるか自己破壊的行動に出ることがある。

　カメレオンを演じることは，若者というものが，自分は何者であり何を信じているのかもっと主張したいし，主張する必要性を感じていることに気づくための，すばらしい最初の出発点である。実際，カメレオンについて言っておくべき良いことがたくさんある。

- 新しい要請にも，彼女たちはうまく順応する。
- 彼女たちは，恐ろしい社会状況にあっても人に合わせるのを心地よく感じるし，相手が何を期待しているのか他者のサインを読む達人である。
- 彼女たちは，一緒に過ごしやすい人であり，よく指示に従うことができる。
- 彼らは，人生のある側面での行動が自ら他で得た敬意を損なうことは重々承知しているので，極端なリスクを伴う状況は回避する。
- 彼女たちは，友達を簡単に作る。
- 彼女たちが買い物上手なのは，他者がふさわしいと感じるものを見つくろって選ぶ方法を知っているからである。

カメレオンが変化を止めるとき

　私が仕事をする若者の多くにとって、カメレオンの役割を卒業するのは、2つの選択に引き裂かれる危機を迎えたときである。彼女たちはアイデンティティのあいだを漂い続けることもできれば、他者に自らを知られたい方法をもう一度受け入れさせようと主張しつつ、抵抗の瞬間に自らの名声をかけることもできる。これをもっともよく教えてくれた少年のことを、私はよく思い出す。

　その若者にとって、その瞬間は、友達が学校に火をつけようとしたときに訪れた。少年たちはふたりで、ある夜、校舎に侵入し、油をしみ込ませたボロ切れとガス缶で、自分たちがどんな気持ちで学生であることに甘んじているのか教師たちに教えてやる準備を整えたのだった。彼は後日、学校への侵入と器物破損のために捕まったものの、自分がどのようにして放火を止めたのか、その気づきの瞬間において、自分がそれ以上進めないことをどのように認識したのかを私に語った。彼は、もしもそれが相手に合わせるために必要とされるのなら、人々に好かれたくなどなかったのである。彼が尻込みしたとき、友達は彼をからかったものの、友達とて放火は思いとどまったのである。

> カメレオンは、モラルの危機に遭遇するとき、変化を止める。ある時点で、順応は魂を殺すことになり、他者の要請は彼女たちにとって適応困難なものとなる。私たちはカメレオンのような若者に、そのとき、彼女たちがどのようにして他者とは異なる自分になることにしたのか、決心したときのこと、決心の瞬間についてたずねる必要がある。

　私たちが自分たちのモラルの限界を発見するのもそのような瞬間においてであり、自分自身の中にヒョウとしての新しいアイデンティティを見つけることになる。

うるさいヒョウ

　若者が言うには，ヒョウは，カメレオンのようにグループのあいだを漂う方法だけではなく，自分の自己描写を他者に受け入れさせることにも長けていなければならない。「僕は，……！」と叫ぶとき，若者は，学校でも自宅でもさまざまな人々によってさまざまに認識されるようなトリックの在庫を充分に確保している。もしも私が素人のメディエーター，スタッフと生徒のあいだのネゴシエーター，PTAに対する生徒の代表，あるいはついでに言うなら，家族危機のための夫婦療法家を必要とするなら，ヒョウに一番近い人を探すだろう。

> ヒョウは，たとえ私たちが彼女たちの自己表現方法に異論があっても，私たちの敬意を要求する。彼女たちは，自己のイメージが他者によっても共有されねばならないと他者にも信じ込ませることができるまで満足しない。彼女たちは自己主張が強く，歯に衣着せない。サバイバルし，スライバルする若者の中に私たちが見つけて評価する特質は，これに尽きる。

　ヒョウのような若者は，彼女たちの自己イメージを受け入れるよう私たちに強要する。彼女たちは，私たちが自分なりの自己イメージを抱くのになんら文句はないが，彼女たちの人生については，彼女たちのイメージを共有させたがる。

　しばしば，ジェンダー役割をどのように演じるかによって，ヒョウを判別することができる。彼女たちは，自分のアイデンティティを選択する自由をむやみに望む。たとえば，銃を持った犯罪者にはなりたがらない少年たちであり，人間関係に価値を置く少年たちであり，そして自らの芸術的才能に誇りを持つ少年たちである。すばらしいアイルランド映画『リトル・ダンサー("Billy Elliot")』は，バレエ・ダンサーになりたがる幼い少年の話である。彼は家族を完全にまごつかせる。特に，労働者階級の父親を。ティーンエイジャーのひりひりするほどの若い魂を賞賛しようではないか

という気持ちが，私たちに沸き起こる。彼女たちは自分にとって意味ある仕方で他者から支援を受けたいのだ。それが勇気だ。私たちすべてのこころの中にあるからこそ，それは訴えかけるのである。

ヒョウを見分ける

今ここに座って，彼女たちの勇敢なリジリアンス・ストーリーを賞賛するだけならそれはそれでよいのだが，真実としては，ヒョウはしばしば調教が必要なオリに入れられていない野生の動物のように見える。彼女たちが私たちの承認を求める喧嘩を闘い，最終的に私たちの敬意と許容を勝ち取るまで，私たちが彼女たちを抱擁することはない。人がヒョウを知るのは，それを理解したときである。一般的に，以下の特徴がある。

- 彼女たちは，慣習的な装いや行動に抵抗し，目立つことを良しとする。
- 彼女たちは，相手を狼狽させるほどに自信家なので，私たちは彼女たちを無謀ないし無責任だと思う。
- 彼女たちは，こそこそしていて，教師の背後でことを進め，新しいアイデンティティを獲得し，そして学校コミュニティにそのすべてを受け入れるよう主張する。
- 彼女たちは，歯に衣着せぬ発言や，自分の思い通りにしようとする特別なやり方で，教師やその他の人々を驚かす。
- 彼女たちは，誰かが学校ないし他のコミュニティにおいていわれのない扱いを受けていると思うと，激しく，ときには筋が通らないほどの勢いでもって弁護する。

ヒョウとパンダを鑑別する

ヒョウとパンダの区別は難しいことがある。ヒョウのアイデンティティ選択にも依るのだが，私たちが，若者は古いパターンにどんづまっているだけだから，そこを抜け出すだろうと考えていても，実際に，若者の頑固さは，教師やその他権威的立場にある人々を無理にでも変える方法となる。

ヒョウの教育は，パンダの教育とはとても異なっている。

パンダは大人に言う。「私は見ての通りです。変わるようになど言わないで下さい。あなたが私について一通りの見方しかしないことはわかっていますが，私には，私についてのあなたの見方を変えることはできませんし，私としても，自分の振る舞い方を変えるつもりはありません！　これが私の知る最も良いサバイバル方法です」

一方，ヒョウは似たようなことを言うものの，根本的に異なっている。「私は見ての通りです。変わるようになど言わないで下さい。あなたが私について一通りの見方しかしないことはわかっていますが，<u>私は，私についてのあなたの意見を変えるために，あなたの説得に使える私の権力をすべて使うつもりです</u>。私をもっとパワフルにする別の在り方を見つけるまでは，私は自分自身を変えるつもりはありません。<u>自分がどんな人間であるかは，私の行う選択です</u>。これが私の知る最も良いサバイバル方法です」

多くの印象的な人物特徴をもたらすのが，ヒョウの性格のうちのこのエンパワーされた側面である。ヒョウは以下の特徴を持っている。

- いったん受け入れられたなら，獰猛なほどに忠誠を尽くす。
- 生徒や従順な子どものような慣習的役割はいつでもうまくこなせるわけではないが，典型的な創造的思索者である。
- 自らの才能を示すことに自信を持っているので，たとえば集会で立ち上がって意見を言うのは平気だし，体育館で自分の技量を見せびらかすこともできる。
- 自分自身に違和感がないので，気持ちよく過ごすために他者を見下す必要がない。
- 彼女たちが見せる敬意と同じものを他者が自分に提供するときには感謝し，自分に敬意を示す者は擁護する。
- 「よい」子どもとはどういうもので，そうでないものがどういうものかという教師のひとりよがりの理解には，すかさず挑戦する。

残念ながら，ヒョウは課外活動や両親との暮らしにおいてと同じくらい，

刑務所やストリートでも見つけることができる。ヒョウは，パンダやカメレオンと同じくつらい背景の中で育ってきたので，パワフルなアイデンティティを見つけられるならどんな機会であれ探求する。

シーラ

　15歳のシーラを見てまずあなたが気づくのは，彼女の真っ黒な髪が顔を隠していることだ。彼女は髪をまっすぐ下に向けて梳き，目を隠しているのだ。次に気づくのは，彼女が痩せていることだ。とても痩せている。それはあきらかにアノレキシアの若い女性のものだ。今にも餓死しそうなほどだ。

　シーラがはじめて精神保健カウンセラーと出会ったのは，彼女が9歳のときである。母親はいつも爆発寸前，父親は情緒的に距離を置いている家庭で育ち，シーラは幼い頃から自分の怒りを動物に向けはじめた。彼女は，猫の首をヒモで木につなぎ，何時間も自宅の裏の森に捨て置いた。そして，猫がそのヒモを咬むのを見るために何度も往復したのだった。また，ネズミを箱で捕え，しっぽをちょん切ったり，手足を四方に引き抜いた。クラスメイトは彼女のことを変な奴だと思っていたので，ほとんど誰も彼女に近寄らなかった。

　他の子どもと遊ぶときは，彼女は荒っぽく，時に校庭で子どもをノックダウンさせることがあっても，それはいつでも事故のように見せかけられた。母親はそれに気づき，前より彼女にわめき声をあげるようになり，悪態をついた。しかし，それはまだほんのはじまりに過ぎなかった。人々はシーラに極めて寛大であった。彼女に近しい人々は，彼女が糖尿病であることを知っていたのだ。彼女にとって，それは死刑宣告に等しかった。自分の直面するリスクが彼女の頭からは離れなかった。四肢を失うこと，早死に，継続治療，そして自己注射。

　やせていることは役に立たなかった。彼女は，学校でも家でもランチを拒否したので，インシュリンが効き過ぎる低血糖発作を周期的に起こして，教師や母親を激怒させた。彼女はセルフケアを拒否した。あるいは，そのように思われていた。

　12歳になると，彼女はきちんと学校へ通うのをやめた。心底うんざりしていたのだ。同い年の2, 3人の少女たちだけで徘徊するのが好きだった。しかし，たいてい彼女は，年上の少年たちと徘徊していて，「淫乱」のラベルを貼られていた。噂によると，セックスと引き換えに，ドラッグや無賃宿を得ていた。スクー

ルカウンセラーは，ストリップ劇場にダンサーとして若い女性を売り飛ばす男たちにシーラがひっかかるのではないかと心配していた。
　みんながシーラを心配していた――シーラ以外は。

　シーラが自分自身について語るストーリーは，自由思想の自立した若い女性の物語であり，これまで人々がそれに耳を傾けることはなかった。彼女は，自分の外見を気に入っている。彼女は，自分の髪型とか，食べる物がなくて時折自分が意識を失うことを人々がどう思うかはどうでもよかった。彼女は気にしなかった。彼女が言うには，自殺するつもりはない。実際，彼女は，お気に入りの音楽や，ゴス系の服，オカルト趣味，それに自分のからだにさえ熱中している。性的にも奔放だった。彼女が言うには，問題は，他人がそばにいてもやりたがる男たちだけだった。

非慣習的なヒョウ

　彼女はヒョウなのか？　おそらく。ただし，彼女は私たちが出会うことの多い慣習的なヒョウではないし，私たちの期待に合致するリジリアントな子どもでもない。しかし，ヒョウに変わりはない。そうだ。ここにいるのは，からだもこころもコントロールし，周囲に「やるべきことに取り組め」と言う「大胆不敵な」子どもなのである。
　シーラは，相手が譲歩して変わるまでは決してゆずらない。彼女は，糖尿病の犠牲者となるよりは，生き生きと暮らし，それをコントロールする方を望むだろう。彼女は，健康について他者に語らせるよりは，自分がそれを見たいように見るのである。他人の健康定義などには見向きもしない。彼女にとって，健康とは，自分なりによい気分でいられることに尽きるのだ。
　シーラを変えるには（もしも彼女が 18 歳の誕生日を迎えたいのなら変化は必須なのだが），シーラを彼女の言葉で理解しなければならないだろう。私たちは，彼女が今引きずっているアイデンティティと同じくらい真に迫った，彼女に関して言うべき何かを彼女に提供しなければならないだろう。「糖

尿病患者」，「よい子ども」，そして「正常」という言葉では，シーラを自己破壊的行動から誘い出すことはできないだろう。

以下の章で説明するように，シーラのような子どもたちのための健康資源を見つける必要がある。たとえば，彼女は，糖尿病を抱えながらもあたり前の生活ができることを示すポスターのモデルになることを了解してくれないだろうか。もしもそんな風に考えるなら，彼女のすごさは刺激的である。時々，シーラのような若者が真実を宣言するために演説台を与えられると，他者へのアドバイスにおいて驚くほどの頭角を表す。私の経験では，彼女たちは，他の子どもたちに「自分自身であれ」と言える者である。その途中で，彼女たちはより長期的なサバイバルに結びついていく。彼女たちは，先駆者になると同時に，自分自身の未来を安全にするための医療に十分順応することができる。

しかし，そこにはバランスが必要とされる。シーラのような若者は，自らの協力が言い値であることを知るべきである。教師や親が心配し，子どもが危機にさらされているとき，それは難しい売り買いになる。私たちは，子どもを救おうと勇み足になるものだが，そうすると得てして，局地戦には勝利しても戦争で敗北を喫することになる。若者は，学校を止め，病院には通わず，家を出て，ストリートで暮らすことになりかねない。

ヒョウ

⇨ ヒョウは，自分たちを知ってもらいたいように，自分たちを認めるよう他者に確信させる。

⇨ ヒョウは，ジェンダー役割，年齢に関連した役割，そして私たちが子どもたちをステレオタイプ化するいかなる恣意的方法についても再考を迫る。

⇨ ヒョウは，健康な子どもとは何かを再定義するよう他者に圧力を加える。

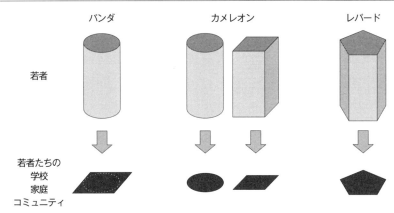

図 2.1　フィットするための戦略

杭と穴

　まるで，丸い穴に四角い杭を入れようと難儀する若者がいる一方で，丸い穴に丸い杭を難なく入れてサバイバルする若者がいるようだ。環境さえ正しければ，どちらの戦略もうまく行く。樹木のように，若者は，順応するかと思えば頑強に抵抗するし，しっかりサバイバルするかと思えば発芽を待って木陰で隠れているといった有様である。それぞれが若者1人ひとりに合っている。一般的に言えば，若者がフィットすることや知られたいように受け入れられることを学べば学ぶほど，彼女たちは問題に直面してリジリアントになっていく。図2.1には，3つの分類に従って，若者がどのようにフィットしようとするのかを示した。

　パンダは典型的に，四角い穴に収まった丸い杭である。私が，丸い穴に収まった四角い杭ではなく，四角い穴に収まった丸い杭と言ったことに注目してほしい。たとえフィット感が悪く，隙間はぶざまで，全体的構造はぐらつきやすく弱いものであるにしろ，正しいサイズの丸い杭は四角い穴

にいちおうはまる＊。パンダは，結局，私たちのコミュニティですでに暮らしている若者なのである。私たちが彼女たちを無視したり，能力別クラスに編成したり，閉じ込めたり，あるいは終わりのないケアシステムの顧客や代替学校の生徒にしようとしても，それに変わりはない。結果がいかに不適切であろうとも，彼女たちはどこかにはめこまれる運命にある。

カメレオンには，フィットするためのさまざまな戦略がたくさんある。彼女たちは，パンダでいようとした若者であるが，それをやめて，多くの異なる社会状況に必要なだけフィットするようしばしば自らを順応させることを選択したのである。

しかし，ヒョウはそうではない。彼女たちは自らがスターだと宣言し，世界が自分たちに合わせて形を変えるよう要請する。ヒョウが言うには，フィットするよう期待されている穴をまったく作り直すのが彼女たちの好みである。彼女たちは往々にして，降雨後の寒帯の森林に立つ透明な白樺のように突出している。

ベストフィットを見つけるために若者の話を聴く

シーラのような若者と仕事をするのは血湧き肉踊るものである。彼女たちを学校で迎えるのは地獄であるが，彼女たちに会うのは，南からの春の微風に頬を撫でられるようなものだ。彼女たちは，自分が何者であるかを健気に守り抜くことによって，周りを活気づける。

シーラと仲間たちは自分たち自身でいられる安全な場所を求めている。学校側がシーラに空間を提供できる度合いによって，彼女は出席日数を増やしていくだろう。

[訳註＊] 正しくは，丸い穴と四角い杭であれ，杭の対角線の長さが丸い穴の直径に合致すれば，同様のことは言えるのではあるが，図からもわかるように，著者はあくまでも横径を問題にしているようだ。

> 子どもたちの適応は，多くの奇妙な包装で偽装される。若者の行動と若者のアイデンティティを混同しなければ，私たちは最も若者の役に立つことができる。文脈の外から見れば，いかなる行動も2つ以上の意味を持っている。

　激しい非難と受容のあいだのライン上でのダンスは，難しいものだ。私たち子どもの教育者が純粋であるとき，それは最も良く達成される。たとえば，私は，教師やガイダンスカウンセラーに，自らの十代の頃の無器用な対処法を，誰がそれを受け入れ，誰が受け入れなかったかも含め，開示することを奨励している。私たちが，自分たち自身のヒョウを提示するとき，若者たちは私たち大人から最も良く学ぶようだ。

3 リジリアンスを育てる6つの戦略

「なぜなのジョン，どうして？」母親は息子にたずねた。「どうしてみんなと同じにできないの？　低空飛行なんて，そんなことペリカンやアホウドリにまかせておけばいいじゃない。それに，どうして餌を食べないの？　まるで骨と羽根だけじゃない」「骨と羽根だけだって平気だよ，かあさん。ぼくは，自分が空でやれることとやれないことを知りたいだけなんだ。ただそれだけ」
「いいかい，ジョナサン」説いてきかすように父親が言った。「もうじき冬だ。漁船も減るし，浅いところにいる魚もじきに深いところに移動するだろう。お前がなにがなんでも研究する必要があるのは，食い物や，それをどうやって手に入れるかだ。もちろん，お前のその，飛行術とかいうやつもおおいに結構だ。でもな，わかっているだろうが，空中滑走は腹の足しにはならない。そうだろ，え？　わたしたちが飛ぶのは，食べるためなんだ。それだけは忘れないように。いいね」
ジョナサンは素直にうなずいた。そしてそれからの数日，彼はほかのカモメたちと同じようにしようと頑張った。実際，彼はやってみたのだ。桟橋や漁船の周囲を，群れの仲間たちと金切り声を立てて争いながら飛び回り，パンくずや魚の切れはしめがけて急降下した。しかし，彼にはやはり無理だった。こんなことが一体何になるというんだ。と考えて，彼は，やっと手に入れた小イワシを追いすがってくる腹ペコの年寄りカモメの前にポイッと差し出した。その気にさえなれば，こんなことをしているあいだに，飛行研究がいくらでもできる。覚えなきゃいけないことは，それこそ，山ほどあるんだ！……
　　──リチャード・バック『かもめのジョナサン』（邦訳 pp.10-12 を一部改変）

うまい具合にサバイバルしている若者たちのストーリーを振り返ってわかるのは、そこには、リスクだらけの生活を送っている若者のリジリアンスを育てるために教育者たちが用いてきた、よくある戦略がいくつもあることだ。しかし、いまや古典となったリチャード・バックの『かもめのジョナサン』に登場する不良カモメの親のように、不幸にも私たちは、十分な良識を前にして何が若者にあれほど意地を張らせるのか、ほとんどわかっていない！

6つの戦略の概観

ここ数年のあいだに私は、教師やカウンセラーが使える6つの戦略を発見した。もちろん、ハイリスクな若者とその仲間が健康的アイデンティティを構築できるよう助けるためのものだ。その6番目にして最も重要な、「やめさせるより代わりを見つける」（第1章で紹介したもの）は、私たちが、教師ないし支援者としての成功を、そこにかける（テコの）支点である。多くの家族や学校で、若者とその教師や保護者たちから私が教えてもらったのは、若者たちがリジリアンスを経験するにはこれが必要だと言う要因とまったく同じものを彼らにもたらすパワフルなオルタナティヴを提供できたなら、若者は成功しやすくなるということだ。6つの戦略とは次の通りである。

戦略1 若者の真実を聞こう、そして彼らが他者の真実を聴くよう援助する

「君にとっての真実はなに？」とたずねよう。そして、青年がみんなの価値に対して批判的な消費者となるよう援助しよう。ここでの「みんな」には、教師、両親、仲間、そして自分にとっての真実がたった1つの真実であると信じさせるような人が含まれる。

戦略2 若者が自らの行動を批判的に見るよう援助する

私たちが、若者に寛容さを示し、いかに彼らの行動がパワフルに自己を定義するのかオープンで誠実な対話ができれば、私たちは、若者が慣習的行動ないし非慣習的行動から得ている利益を理解するよう援助できる。

戦略3 若者が必要だというものにフィットする機会を創造する

若者が受け入れ可能でパワフルなアイデンティティを立ち上げようとする際，自らのジェンダーや，民族性，エスニシティ，能力，性的志向性，あるいは何かほかの構造的障壁ゆえに彼らが直面する難題を認識するよう援助しよう。また，こうした難題を自分なりに乗り切る機会を提供しよう。

戦略4 若者が耳を貸し，敬意を払うような仕方で話す

若者に私たちの心配の責任を取らせない仕方で自分自身を提示しながら，私たち大人が彼らに聞いてほしいことに若者が耳を貸すよう援助しよう。

戦略5 最も大切な差異を見つける

若者が，自分以外の子ども，とりわけ「問題生徒」としてラベルされている子どもと自分とを区別できる独自の特質を見つけるよう援助しよう。

戦略6 やめさせるより代わりを見つける

第1章でみたように，私たちが若者本人のことや，若者が探し求めていることは何かということ，そしてどうやって若者が自分自身についてのパワフルなストーリーを作り上げているのかということを理解する時，私たちは，彼ら自身や他者に対して，あまり破壊的にならない仕方で，彼らが必要としているものを提供するのにうってつけのポジションにいる。

援助がうまくいくとき，上記戦略の1つひとつによって，多くの若者が（実行可能で，他に同じくらいパワフルな選択肢がないために）選んでしまう4つのD，すなわち危険（dangerous），非行（delinquent），逸脱（deviant），障害（disordered）を，パワフルなリジリアンスにむかう道へと転換することができる。

しかし，これら6つの戦略は，1人ひとりの大人と若者とのあいだに関係性が築かれていなければ，若者には採用されない。協議に先立つ人間関係が大切なのだ。そうであってこそ，若者は自ら援助を求める。私たち教師や援助者がすることは，それを多少とも加速することに過ぎない。図3.1に，私がいいたいことを図式化した。この6つの戦略は，代わりをみつけることを支点として，4つのDの反対側にのせるオモリを提供する。

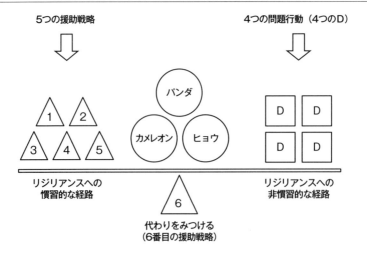

図3.1　リジリアンスへの慣習的な径路と非慣習的な径路

リジリアンスへいたる経路——慣習的なものと非慣習的なもの

　私たちの仕事には，教育者などの大人の関係者向けのものもある。図3.1に示すように，この6つの戦略履行の成否は，私たちがリジリアンスへの非慣習的な経路から若者を引き離すに足るものを当人たちに提供できるかどうかにかかっている。

　もちろん，私たちには，若者を私たちの側へとひきつける重力がそなわっている。パンダやカメレオン，それにヒョウが，ビリヤードの球のように，リジリアンスの慣習的表現に自然となだれこむとしたら，そこには，ウェルカムな感じと危険な匂いがあるはずだ。

　若者が健康に成長する上で必要なものについての知識は，増えつつある。彼らに必要なのは，決して「安全」や「愛着」だけではない。目的意識や，子どもから大人への成長を特徴づける通過儀礼，挑戦するのに十分ではあるが圧倒されない程度のリスクと冒険，そして彼らの文化に見合うルーツと新しいライフスタイルにつきものの忍耐を経験する機会を与えられるこ

とが必要なのだ（Neil & Heubeck, 1998 ; Venable, 1997）。

不利な立場に立たされた子どもの，隠れたコーピング

　6つの戦略は，私たち教師やカウンセラーが，若者を描写する新しい言葉を作る上で役に立つものである。ナラティヴの視点にたてば，子どもが自らの世界を記述するのに用いる言葉が，彼の世界体験を強力に制約する。私たち大人が，子どもたちの健康体験を説明するボキャブラリーを当人が展開するよう援助するとき，あるいは彼らの現実知覚にフィットした有益な選択肢を提供するとき，私たちは，若者がリスクに直面してリジリアンスをどのように育て支えるのか，彼らがよりよく理解するための機会を与えることになる。

　たとえば第1章で私は，自分のいじめられ体験について論じた。7年生当時，自分がいじめられているとは知らずにいたことを思いだすのは，重要である。私はその時，いじめに対してどうすべきか知らなかったし，学校や家での私の扱われ方に対してそもそも誰に何ができるのかさえ知らなかった。若者はそれを描写できる言葉をもつ時にだけ，問題を名づけることができることを，私はそこで学んだ。いじめという言葉が，私の辞書にあらわれるまでには何年もかかった。ネグレクトという言葉にはもっと時間がかかった。しかし，赤レンガ造りの校舎の一角で，ほこりっぽい黒板と，10月にハロウィーン祭の悪魔の飾りつけがなされ霜のおりた窓のある教室で，私にせいぜい理解できたのは，自分がジェフリーの邪魔になっているということであり，彼は私が持っているものをほしがっているということであり，そして何らかの方法で私からそれを取りあげようとしているということだった。自分を彼より立派にするものを私は喜んで彼に与えただろうが，それは分かちあえるようなものではなかった。私には，学校でよい成績をおさめる才能があった。彼の方も，自らのサバイバルを賭けて，自分が得意なことを示した。彼が優れていたのは，ワルになることだった。

　ここ数年，私はジェフリーのような子どものことを理解しようと格闘してきた。私以外にも多くの人がこの難題に挑んできた。『リアル・ボーイズ

("Real Boys")』［邦訳：『男の子が心をひらく親，拒絶する親』講談社，2002年］の著者であるウィリアム・ポラック（Pollack, 1998）は，子どもの本来の姿を記述しているが，そこには私たちが考えるよりもずっと複雑な感情的生活がある。ジェフリーはもっと綿密にみられることを必要とする子どもだったのだ。ポラックはこう言っている。「男の子がどのようなものであるか，いかにふるまうべきかというステレオタイプな考えは長いあいだずっと変わらずにある。私たちの多くがこころのなかでは，こうした時代遅れの考えが，率直にいって真実ではないとわかっている。……この考えによって，目の前にいる本物の男の子，つまり，時代遅れのアイデアの背後に隠れた男の子の真の姿をみたり愛したりする私たちの能力は奪われてしまう（p.52）。（『男の子が心をひらく親，拒絶する親』を参考に訳出）

　女子にしても同じだ。キャロル・ギリガン（Gilligan, 1982）のおかげで，私たちは，女の子が自分たちの世界をユニークな方法で意味づけており，男子とは異なる道徳性をもっていることを理解している。ベストセラーになった『オフェリアの生還（"Reviving Ophelia"）』の著者であるマリー・パイファー（Pipher, 1994）［邦訳：学習研究社，1997年］は，優れた仕事をしている。彼女の作品は，いかに女子がパワフルなアイデンティティをもっていることに気づくのか詳細に描き出し，自分たちにほとんど気づいてくれない世界で，自分が誰なのかを表現しようと必死に頑張っている女の子の生活を味わい深いものにしている。

> ## サバイブとスライブへのコミットメント
>
> 子どもがサバイブ/スライブしようと決意するとき，彼らは……
>
> ▸ 自分たちが毎日少しずつでも，強くなってきた，コントロールできるようになってきた，周りに気づいてもらえるようになってきたと感じながら，やり過ごそうとする。
> ▸ うまくサバイブする希望をもたらす慣習的な経路と，非慣習的な経路の両方をフォローする。
> ▸ 男子か女子かによって採用する戦略は異なるが，同じようにパワフルなアイデンティティと，それにともなうコントロール感へのニーズを表現する。

癒やすアイデンティティ，傷つけるアイデンティティ

　もしも私たちが若者の自分自身について語るストーリーの鉱脈を掘り出したなら，そこには常に，パワフルなアイデンティティを発見する。しかしながら，それらのアイデンティティのすべてが，彼らの教育者やカウンセラーに受け入れてもらえるわけではない。私がかかわったなかでもっとも不利な立場にある子ども，すなわち，ネグレクトされたり，虐待を受けたり，暴力の場面を目撃したり，あるいは，家庭内のものであれ，国家間のものであれ，大人同士の集中砲火に巻き込まれたりする子どもにとって，彼らを癒してくれるアイデンティティとは，しばしば，私たちにトラブルをひきおこすものだからである。

　リチャード・バックの『かもめのジョナサン』に出てくるような若きカモメでさえ，日常をサバイブするための月並みな生き方のなかからなんらかの生き方をみつけたなら，両親のアドバイスを拒否するに違いない。ジェフリーみたいな少年に対して，私たちがそれと違うことを期待するのは，なんと珍妙なことだろう。学校でいじめをしている時と同じくらいパワフルなアイデンティティを，彼が他で感じられるとでも思っているのだろう

か。

　不思議なことに，私は，ふたりの立場が逆転して，自分がもっとジェフリーのようになり，彼がもっと私のようになったらと願っていた日々のことを覚えている。正直なところ，私は，ジェフリーにあるもの，すなわち，抵抗の火花を散らし，うまく反撃する方法を自分が欲していることはわかっていた。それは学校の構内ではなかなか見つけられないものだったし，それをどうしたら家にもち帰ることができるのかを学ぶにはさらに年月を要した。いじめられ，傷つけられているあいだでさえも，私は見ていたし，学んでいたのだ。

　若者は，自分たちの経験を記述するための言語を必要としている。虐待や搾取，ネグレクトを表現する言葉がなければ，彼らは自分たちをそういうふうに扱う人々に対して丸腰である。

> **戦略1**
> ## 彼らの真実を聴く
> 青年の真実を聴くことになったときには，
> 1. 時間をとる。
> 2. 若者の「行動」は問題だとしても，肯定的な態度を向けつづける。
> 3. 若者の視点から世界を理解しよう。
> 4. あなたが聞いたストーリーに恐れや疑念をもつよりも，むしろ好奇心をもってみよう。

よく聴く

15歳の少女と私がかわした以下の会話では，彼女を構造化された会話にひきこむ過程で，上に記した4つのスキルすべてが実演されている。私はそこで彼女と関係性を築こうとしており，相手に理解を示し，彼女が自分の世界を見てサバイブするスピードに，自分を合わせている。

ブリジット

ブリジットは田舎のしっかりした家庭に育った。彼女の父親は消防士で，母親は家計を助けるために日中，ベビーシッターをしていた。ブリジットには歳のはなれた兄がひとりいるが，すでに家をでていた。彼は問題を起こしたことなどなかったが，ブリジットは違っていた。

両親は，娘の大言壮語や怠学，そしてどこで何をするか平気で嘘をつくことと悪戦苦闘していた。彼らはいまだに，1年以上前のブリジットが学校から帰ってこなかったエピソードについて，とても心配そうに話した。匿名の電話で，彼女の居場所がわかったのだ。

両親は，ガレージで10人以上の未成年の子と一緒に飲酒している娘をみつけた。午前3時に両親が到着すると，娘は酔っぱらっていたが，幸いなことにそれ以上のことはなにもなかった。グループは朝まで飲み明かそうとしていたのだ。抜け目のないことに，ブリジットは見かけほど酔っぱらっておらず，実際，

父親が車に乗るようにと言うと，すぐに彼のいうことを聞いた。

　それ以来，事態は改善しなかった。ブリジットの両親は彼女を信用しなかった。彼女の成績は下がり続けた。ほとんど毎週のようにガイダンスカウンセラーをたずねていたものの，彼らの会話は行き詰まっていた。カウンセラーは，どのように彼女が変わらなければならないのか，どのように両親に対応すべきか，そしてどうしたら問題に巻き込まれずにいられるかを説いていた。彼は彼女をサポートしていたし，励ましてもいたが，彼女は悪化する一方だった。

真実についての会話

　学校のガイダンスカウンセラーが私のもとに彼女を紹介してきた時，彼女はまるで放校寸前かにみえた。以下に示す会話において，私は多くのことをしているが，その大部分はブリジットの世界を理解する努力である。聞いていくにつれて，彼女は自分自身と自分の友達との違いを説明しはじめた。彼女の両親（や外部者である私）には1つの大きな「すっごい」怠学生徒の集団に見える生徒たちも，実際には，つかず離れずの3つのグループでできていた。これを知ったことで，私には選択肢が生まれた。1つには，ブリジットのチアリーダーを演じ，問題のある仲間とは違うところにとどまるよう励ますことだ。もう1つは，好奇心を抱き，なぜ彼女が自分を他の友達とは違うと区別したのか語るよう促すことだ。賞賛は差し控えるのが私の好みだ。だから，好奇心だけをむける。理由は簡単だ。私が1つのアイデンティティか何かに興奮したとすると，若者は，私が相手を1つのタイプでしか受け入れない人間だと思うからだ。そうなると，ブリジットのような若者が，それ以外のふるまい方について語る機会は排除されてしまう。

　彼女の真実はかなり複雑だ。私は彼女に，何が最もうまくいくか決められるよう援助した。アイデンティティ・ストーリーが変わるまでは，自分たち大人が彼女について語る，みせかけのストーリーの裏側を読まなければならない。このスペース——たとえば，日誌とかランチタイムのおしゃべり，あるいは若者の生活とはこのようなものだと思い込むのではなく，若者の生活について直接相手に聞く機会が得られるところならどこでも

――が教師によって提供されてはじめて，若者による真実を聴くことができるのは，驚くに値しない。私たちの会話は以下のように展開した。

M　いまの状態について君がどう考えているのか，興味があるんだけど。どんなことが君を家にいづらくさせるの？

B　友達のこと。両親はみんなと一緒にいさせてくれないの。

M　ご両親は，友達のどこが気に入らないの？

B　両親は，友だちがクスリをやったりお酒を飲んでると思ってて，私も自然にそうなるって。

M　だから，みんなといれば，君が飲酒や薬物やアルコールに誘われると考えるのかな。それがご両親の怖れていること？

B　そう，両親は，私がそういうことをもうはじめてると思ってる。

M　ご両親の怖れはどれくらい理にかなってる？　実際，リスクはあるわけ？

B　さあ。

ブリジットが私のもともとの質問にはよく答えてくれたのに，その後，私が若者からとてもよく聞く，おきまりの「さあ」に引き下がってしまったことは，驚くにあたらない。とどのつまり，私の最後の質問は，ほとんど，彼女に何が正しい答えであるべきかを教えるようなものだった。私は自分のあやまちを理解した。もしも私が，彼女の行動や友達が実際のところ大問題で，彼女が変わらねばならないと信じながら座っていたとしたら，ブリジットの真実のほとんどを失ってしまうところだったろう。

M　ごめん。ちょっと決めつけたみたいだね。友達についてもうちょっと話してくれない？　彼女たちは実際のところどうなの？

B　クスリをやっている友達もほんの少しいるけど，両親はほとんどがそうだと思ってるの。やってるのは，ほとんど男子。

M　じゃあ，それは女子にはかっこよくないわけ？

B そう。クスリをやっている子を2，3人は知ってるけど，全部男子。

M でも，君もお酒は飲むの？

B うん。

M タバコは？

B 吸ってない。

M 学校はどう？

B よくやってるわ。

M ふーん，それは面白い。たいてい，不良になると学校もうまくいかなくなるからね。

B 今は元気にやってるわ。去年は，特別に良いってこともなかった。言い争いや喧嘩ばかりだったから，勉強に本当に集中できなかったの。でも，いまは調子良くやってる。

M それじゃ，学校の成績は，言い争いが起きると悪くなるんだ。つながってるんだね。

B うん。

　私たちはこの点についてさらに話を続けた。これまで彼女は学校でどうだったのかということや，何を成し遂げられると信じているのかについて。ブリジットは決して語りうるポジティブなストーリーのない若い女性ではなく，彼女はまだ，小学校時代にはそう見られていた「スマートで可愛い」（彼女自身の言葉）少女としてのアイデンティティを保持していた。昔は読書や水泳が好きだったけど，今はどちらもやっていないということだった。彼女はその理由について以下のように話した。

M 君は自分のなかでいくつかのことが変わったと言ったね。今は図書館に行ってないし，泳いでもない。この変化について教えてくれる？

B ええ，中学校に入ったら，私は友達と一緒にいるようになった

の。

M で,彼女たちはそういうことをしなかった？

B そう。私たちはショッピングモールに行くとか,映画に行くのが好きなの。それとかお泊まりに行ったり。

M で,読書はそのなかには入ってない,と。君は泳ぎにも行ってないけど,それも入ってないの？

B 私たちもそういうことをするけど,それより映画に行ったりとかほかのことをやるの。

M で,君の友達の何が,ご両親を不安にさせてるの？

B 両親はただ,私が,数人の悪い友達みたいになると不安に思ってるの。

M また出た。「悪い」友達という言葉（ブリジットは笑う）。悪い友達はどうなるの？ 学校ではどうなの？

B 彼らも学校ではよくやってるわよ。両親はそれをわかってない。彼らはクスリもやるけど,ほかは全然いいままなの。そして,私たちのほとんどはクスリもやってない。でも（両親はそういうことを私に）たずねようとも思わない。両親は,学校には3つのグループがあることには無関心なの。まず優等生（プレッピー）がいる。彼らはスポーツをやっていて,自分自身のことばかり考えている。図書館っ子は図書館にいて,ランチタイムでも外に出ないで読書している。そして,私のグループがあるの。

M 君のグループのことはなんて言うの？

B よくわかんないけど（しばらくおいて）,いつもほかの人たちは,あいつらはヤク中だって言ってる。でも,そんなのガチガチのステレオタイプ。スポーツの連中は水泳をやって,図書館っ子は読書する。そして,ヤク中がいるんだけど,私たちはほとんど,クスリはやってない。

M その分類でいくと,小学生時代の君は今とは違うグループに入れることになるね。

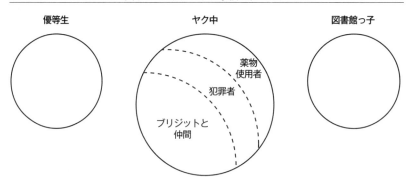

図 3.2　ブリジットの学校のグループ

B　そう，たぶん優等生ね。体育会系とかそんな感じ。私もまだ少しはそんな感じね。去年だとチアリーディングをやってたし，体操も得意なんだけど，去年，体操に行かなかったのは，体操の先生が嫌いだったから。

M　でも前は，そういうことをしてたんだ。

B　友達の多くは今でもそう。体操に通ってる。でも，うちの親は，あの子たちは全員だらけた奴で，クスリを繰り返しやってるから，何もしないと思ってるの。

　私たちはそれからさらに 30 分ほど話し合った。その内容の大部分は，彼女の友達のこと，その友達が彼女を尊重してくれること，彼女に言わせれば，家ではそれが不足しているということだった。

　最後に，私はノートと鉛筆をとり，彼女が話してくれたことから私が理解したことを，ブリジットとともにチェックしたいと思って，図 3.2 のような図を書いた。彼女はそれをのぞきこみ，うなづいて言った。「うん，現実に近いわね。私たち全員が悪いわけじゃないの，わかる？」

なされた質問

上記の会話のうわべをなぞるだけでは，どの質問をいつしたらよいのかという疑問が残るかもしれない。一連の質問について振り返ってみると，1つのパターンがみえてくるだろう。

1. 私は，判断（自分がよいと思う行動に対する賞讃という形の判断も含めて）するより，好奇心を示すことから会話をはじめることを好む。そこで「いまの状態について君がどう考えているのか，興味があるんだけど。どんなことが君を家にいづらくさせるの？」と質問したわけだ。

2. 問題について，若者の視点のみでなく，みんなの視点を探ろうとする。こうした会話はしばしば，若者にはわかっている大人の考えに言葉を付与するよう援助する。たいていの場合，若者は，教師や支援者の心配ごとは何であるのか気づいている。しかしながら，彼らの世界観を大人とわかちあうには，彼らの視点やストーリーはあまりに大人のものとは違うのである。私が「だから，みんなといれば，君が飲酒や薬やアルコールに誘われると考えるのかな。それがご両親の怖れていること？」といった聴き方をするのは，そういう理由である。

3. 私は違いを探そうとするし，1人の若者ないし若者の集団が，問題およびその解決についてもっているかもしれないユニークな視点を探ろうとする。若者にベストな代替行動を提案するための手がかりを得られるのは，こうした違いの発見を通してである。ブリジットの例でいえば，私は「ヤク中」とみなされている生徒と彼女のあいだにある違いの領域をたくさん発見した。ブリジットの友達は全員同じではない。だから私は彼女に，薬物をやっているのか，タバコを吸っているのか，そして学校はどうかと訊いたのである。多くの仮定を置かないことが，肝要である。

4. 私は，若者の行動が当人たちにとって意味をなすのは一体どうしてなのかを理解しようとする。だから，ブリジットに「今は

図書館に行ってないし，泳いでもいない。この変化について教えてくれる？」と聞いたのである。私は若者の行動はなにか目的をもっているし，たとえ問題含みで自己破壊的に見えても，なんらかの基本的なニードを解決するものだと仮定している。

5 私は言葉を整理整頓し，自分が使っている言葉と，若者が使っている言葉とが同じことを意味しているのか確認している。たとえば，ブリジットが，両親は彼女の友達のことを「悪い」と呼んでいると教えてくれたとき，その言葉を額面通りに受けとらず，もっとよく知る必要がある。私はこう言っている。「また出た。「悪い」友達という言葉。悪い友達はどうなるの？」

私の質問にある5つのアスペクトによって，若者が私に対して抵抗をつくりだすことを回避できる。若者が生活している文脈において，より適応的なストレングスを構築させるために，上記6つの戦略すべてを採用しているので，会話のなかには同じアスペクトが繰り返しあらわれる。その結果，ブリジットのような若者は抵抗しない。私は，自分のやり方が正しいやり方なのだと若者に説得したりしない。逆に，私は彼らの世界を，彼ら自身の視点から，すなわち彼らの真実から理解しようとする。私がうまくやれているかぎりは，若者たちは，彼らの生活や関係性をややこしくするような解決を探すより，問題へのよりよい解決を探したがるようになる。

ポストモダン的展開――
子どもは自分の現実を構築する

ブリジットが対処しなければならない事柄をふまえると，1つの選択がほかのものよりよいと誰がいえるだろう？ ブリジットのような若者を援助するための私のアプローチの多くはナラティヴ・セラピスト，すなわち真実や知識，専門性を助ける権力に対してポストモダン的概念を採用しているセラピストのあいだで需要が高まっているアイデアに基づいている。ポストモダニズム，すなわち，科学的実証主義に挑戦する哲学的ムーブメントは，世界とは固定された現実ではなく，むしろ，私たちが集合的に，物

事がどのようであるべきかについて話すことを通して経験されると論じている。こうした他者たちの集合的な会話，もしくは言説（discourses）が，フランスの哲学者であるミシェル・フーコー（Foucault, 1972/1980）が示してきたように，私たちにとって何が真実でなにがそうでないかを決めているのである。

　すべての真実が，協議可能だというわけではないし，むしろその反対である。私たちは一般的には，多くの真実をたもたなければならない。たとえば，各国の憲法だとか，裁判官への尊敬，さらには何が人々を幸福にするのかといったことまで。しかし個別の関係性となると，私がいかに彼らの現実を知らずにきたかを，若者がひんばんに示してくれることに驚かされる。

　現実は流動的であり時間的に変化するという，構築された現実という思想は，容易に理解できる。たとえば，一昔前に，性的虐待経験について相談した青年が，結局，自分の語りが教師やカウンセラーの経験とはあまりにも隔たっていたがゆえに信じてもらえなかったという話を思い出してもらいたい。今日なら，性的な含意がともなう経験であればどこにでも，私たちは虐待の可能性を読みとるだろう。このような変化がもたらされたのは，何が真実で何がそうでないかという概念が変化したからである。もちろん，そこには，私たちが自分たちの経験を描写するために今，使うことのできる言葉，そして，私たちがセクシャリティ，若者，および虐待についていかに考えるべきかをコントロールする人々の権力が，関連している。

　新しい言葉がやってくることにより，自分バージョンの現実を特権化するという方法で，私たちの経験を明細化する力（権力）が生じる。すなわち，言葉がなければ現実もないのだ。

　ブリジットのような若者は，私たちに自分の真実を理解させるための苦しい戦いを続けている。彼女の真実を聞くことは，若者の幸せを支えるために，より健康的で慣習的な選択を若者がするよう導くための，第一の戦略である。

敗者というラベルと戦う

ヤク中であれ，いじめっ子であれ，犠牲者であれ，サバイバーであれ，すべての定義は，私たちがともに作り上げているものだ。私たちが出会ってきた人々のそれぞれは，私たちが使っている言葉に独自の意味を付与し，ありったけの選択肢のなかから，自分たちの生活を描写するのにベストな言葉を選んでいる。多くの若者，とりわけ第1章で紹介したジェフリーのような若者にとって，バイキングスタイルで用意された自己記述はおそまつなものだ。彼らにとって，自分たちのコミュニティにおいて念押しされている「敗者」以上の何者かになろうと思っても，その選択肢はごくわずかしかないのである。

そして，少なくとも外部の人間にとって，彼らは敗者である。アルバータ州テーバー*の14歳も，この言葉で知られていた。ただし，それも，彼が学校にショットガンをもちこみ，彼を何年もいじめ続けていた男の子の1人を射殺し，もうひとりを重傷においやるまでのことだ（「敗者が1人を射殺」，1999）。襲撃された男の子は，また違う種類のいじめっ子で，優等生であり，中流階級の子弟で，消費主義の中毒だった。彼らは，デザイナー・ブランドの世界と，買い物をさせる権力の虜になっていたので，「買い物」をしない者は誰であれぶちのめすことになった。それに従順ではない敗者の子どもたちは，こうした中流階級「落伍者」たちの脅威となった。なぜなら彼らは優等生たちに，いかに自分たちの生活が本当は底の浅いものかを気づかせたからである。

言葉をみつける

もちろん，こういうことはすべて，誰の物語を聴くかにかかっている。決して，「悪い子どもが学校に銃をもってきた」というような単純なものではない。自分たちの世界を描きだすために，言葉を相手にいきつもどりつ

[訳註*] カナダ，アルバータ州の都市。本書冒頭で触れられた1999年のWRマイヤーズ高校銃乱射事件の舞台。

協議しているとき，私たちは決して受け身ではない。むしろ，私たちは言葉が生まれるように機会をうまく利用する。自分たちのための最もよい描写ができる言葉が見つかるように，私たちは世界中のあちこちをかけめぐる。だから，エリック・ハリスとディラン・クレボルドが，コロラド州リトルトンにあるコロンバイン高校で，12人のクラスメートと1人の教師を射殺した2週間後に，14歳の少年がショットガンを学校にもってくるのは驚くことではない。

わがメディアは匿名のテーバーの若者を完璧な筋書きの上にのせたが，それは敗者とは異なる自己記述なのである。いじめに抗するために自殺を選んだ東海岸に住む14歳の少年エメット・フラリックのように，他の少年にとっては，その解決は悲しいことに，ただただ悲劇である。

> 若者は手に入る選択肢のなかからアイデンティティを選ぶ。危険（dangerouse），非行（delinquent），逸脱（deviance），障害（disordered）は，選択肢の限られている若者にものすごい力をもたらす自己記述である。

私たちは言葉がなにを意味するのかを，集合的に決めている。ブリジットは自分の世界のなかでの「ヤク中」というラベルが，教師や両親にとってのそれとは違うことを意味すると話してくれた。彼女によれば，ヤク中はそれでもまだましな生徒であり，お互いに尊敬しあい，その上，楽しみ方もリスクの冒し方も知っている。彼女の世界のなかでは，優等生は自分自身について思い上がっている子どもの寄り集まりに過ぎないし，図書館っ子は社会的不適応である。

ブリジットが理解した選択肢をふまえれば，ヤク中たちとの徘徊を彼女が選ぶことに何の疑問があるだろう。好奇心の精神から，彼女にこうしたことすべてを話してと頼むのも終わりをむかえる頃，私は，彼女が時間を割いて，「幸せで，健康的で，自分をコントロールすることができている若者」という，自己アイデンティティの脅威になりそうだと感じていること

から自らを守るために，助けになってくれる子ども集団の方に向かうことがいかに了解できることなのか語ってくれたことに満足していた。そうでなければ，私はすべてのヤク中が誰も彼もみな同じではなく，実際には，異なるカテゴリーに細分化されていることに気づかなかっただろう。

真実から行為へ
「戦略2」から「戦略5」までを実行に移す

> 私たちが黒いロングドレスで登校する日のカフェキッズの表情は見物ですよ。ホールをこの黒のロングドレスで歩いたときも，男子が「ゲエッ，こいつ魔女かよ？」って言ったしね。笑えるのは，見られて悪い気はしないってことかな。
>
> ジャシンタ，15歳

リジリアンスは，私たちが健康や順調な成長に関連づけている行動やパーソナリティ特性の単なるセットではない。それは，子どもが保護者に対して，自分たちは健康なのだと納得させる能力でもある。多くのリジリアントな生徒が学校やコミュニティから監視されているのは，彼らのサバイバルの仕方が，教師や，そのほか若者になにかをさせる権限のある人にとって順応的ではないからだ。そこで行われる監視は，皮肉なものである。結局のところ，世の中には周囲の人におしつぶされそうになりつつも，高みにのぼりつめる人がたくさんいるわけだから。

ビデオショップは，この種の映画であふれている。『ベッカムに恋して（"Bend It Like Beckham"）』は，イギリス育ちのインド人の女の子が，サッカーの才能に恵まれているのに，両親からそれを禁じられるという話である。彼女が文化的伝統を打ち破るのは，より広いコミュニティから彼女にむけられた偏見に対する彼女なりの抵抗である。『遠い空のむこうに（"October sky"）』も同じような筋書きである。すなわち，炭坑夫の子どもが，坑夫にならず，NASAの科学者へと成長するストーリーだ。学校の校長も，少年の父親も，その男の子が潜在能力を開花させないようにとできる限りのことをしたが，

ある教師はその男の子のことを信じた。作品リストはまだまだ続く。

> リジリアンスをみつけるために若者が用いてきた手段は私たちの好みではないかもしれないが、彼女たちが慣習的な行動と、しばしば慣習的でない行動とによって達成してきた成功を無視することはできない。

　この章では，戦略2から5までを論じる。これらは，ハイリスクな問題をもっている若者に，どうやって4Dアイデンティティ（すなわち危険，非行，逸脱，障害というアイデンティティ）のオルタナティブを提示するのかを正しく理解するための助けとなる。それぞれの戦略は，私たちが若者の世界観にあわせたり，彼らが直面している変化への抵抗について調べるのに役立つ。さらに，若者の達成努力にフィットする健康的アイデンティティにむけたパワフルなオルタナティヴに合わせるのにも役立つ。

> **戦略2**
> ## 若者が自らの行動を
> ## 批判的にみるよう援助する
>
> 　若者は，彼らが慣習的な行動と，慣習的でない行動の双方から得ている利益について理解するにあたって大人を必要としている。私たちは以下のようにして若者を援助することができる。
>
> 1. 若者のリスキーな行動に忍耐を示しつつ，彼らが安全でいられるような構造を提案する。
> 2. 若者の行動がどのようにしてパワフルな自己定義をもたらすのかを当人にたずねる。
> 3. 若者が変化せざるを得ないにせよパワフルで居続ける機会を，現実的にみつめる。
> 4. 問題行動の代替となる新しい機会を用意することによって，若者がふれる機会を構造的に変える。

批判的な見方

　若者のリジリアンス戦略からは，マーク・ビクター・ハンセンとジャック・キャンフィールド（Hansen and Canfield, 1993）による優しく紳士的な智恵がのせられた『こころのチキンスープ（"Chicken soup for the soul"）』よりも，ロバート・グリーン（Greene, 2002）の『権力(パワー)に翻弄されないための48の法則（"48 laws of power"）』の方が思い起される。グリーンの6番目の法則は，たとえば「ぜひとも人の注目を集めよ」だ。彼はこう言っている。「すべては外見で判断される。見えない者には意味がない。群衆のなかに埋もれるな。忘れられてはならない。とにかく目立つことだ。何に代えても，人より抜きんでるようにしたい。その他大勢の退屈で臆病な連中よりも，度量が広くて個性豊かな謎めいた人物に見せ，磁石のように人々の関心をひきつけることだ」。（p.21／邦訳，109頁）私自身が若者にむかうとき，グリー

ンの言葉が，彼らの人生の記述のなかに繰り返されていることに気づく。私は過去数年の間に，多くの逆境に遭いつつ生きる若者が，健康を目指すようになるのは，どんな場所においてなのかということについて数多くの手がかりを得てきた。健康は，私たちがあると考えているところには滅多に見つからない。

> **チ**ャンスを与えれば，若者は自分たちの生活を大人がもっとよく理解できるようにするだろう。私たちが子どもを分類するのに使っているカテゴリーは，彼らを理解する妨げとなる。賢明な大人は，狭義の診断を，若者の真実について自らが無知であることに満足している人々にまかせておくものだ。

習うより慣れよ

ジェフリー（7年生当時，私をいじめた子）と私は，2つの，大変異なったリジリアンス探求をしているように見えたかもしれない。実際，外部者からみたら，私の方がずっとリジリアントに見えたかもしれないし，おそらくジェフリーは脆弱だとみられただろう。しかし，そういうのは，ジェフリーと私が，自分たちの人生を描写しようとしたやり方ではなかった。私もジェフリーと同じものを探していた。つまり，私が探していたのは，自分に関して何かパワフルなことをいう方法や，他者からも広く受け入れてもらえるアイデンティティを表現する独創性である。幸か不幸か，私が選んだ「スマートな」子どもというアイデンティティは，たくさんの見返りをくれた。だが，そのアイデンティティを選ぶことで，私は多くの高い期待やたくさんの不安もまた受けとったし，それは，私が自分の人生において，その他の領域で才能をのばすための時間を制限した。

> 私たち大人は,自分がかかわっている若者が行う選択に対して,判断をやめる必要がある。もしも,若者が社会的に受け入れられそうでパワフルなアイデンティティをみつけられるように援助しようとするならば,まず,彼らの行動が彼らにとってどうして意味をもつのか,私たちこそが理解する必要がある。

　私たちが見ている若者には,彼らの探しているパワフルなアイデンティティを他者とのあいだでどのように協議したらよいか学ぶための空間が必要だ。たとえば,新学期になるたびに,生徒は,新しいアイデンティティを実験する可能性をたずさえて学校にやって来る。私たちが教師やガイダンスカウンセラーとして,若者たちが学びたいと思っていることを実験させてやり,私たちにとって若者にはこれがベストだと考える方向に彼らを導きそうになるのを避けることができれば,彼らは,自分が他者からどう見られたいかイコール他者が彼らをどうみるべきなのかということだと相手に納得させる練習を徐々に積んでいくだろう。

　それは終わりのない協議であり,誰がリード役で,誰がフォロー役なのかまったくわからないダンスである。結局のところ,何が健康的な子どもであることを示すサインで,何が不健康な子どもであることを示すサインだと,もっともらしく言うことなどできるだろうか？　若者のメンタルヘルスについての判断回避は,難しい。それでも真実は,少なくとも子ども自身にいわせれば,問題を起こしている子どもは私たちがそう思うほどには悪くないということなのだ。子どもは,私たちが信じているよりもずっと変化しやすいものでもある。

　私たちが生活する上で出会う信じられないくらいの障壁をのりこえる能力といったものは,私たちの能力と同じくらい,それが示される機会に依存している。

- ▶ 私は知力(brain)を(少なくとも学校の勉強については)もっており,ジェフリーは腕力(brawn)をもっていた。

- 私は学業的な成功にアクセスでき、彼はいじめっ子の生活へとアクセスできた。
- 私たち2人ともに変わることができたけれど、その変化は、こうした成長を起こそうとする状況の変化を必要とする。

子どもを変えると同時にシステムを変える

　この世界を、若者が経験しているように見てみると、私たちはもっと敬意をもった介入ができるようになる。授業をエスケープする子どもの例をとりあげてみよう。私たちは不当に、すべてのことを生徒に帰属してしまう。彼女たちは素行障害で、非行で、問題のある子どもで、手に負えない生徒に違いない。こういう見方はまったくバカげている。少なくとも、時間をかけて現象によりそって観察した研究者から話を聞けば。

　カーク・ファリスとスーザン・オプトウ（Fallis and Opotow, 2003）は、授業をエスケープする子どもの研究のなかで、子どもが学校システムにおいて失敗しているのと同じくらい、学校システムが子どもを受け入れるのに失敗していることを示している。特に、洞察にみちた研究のなかで彼女たちは、私たち大人が退屈だと定義するものと、子どもが退屈だと定義するもののあいだにはズレがあると述べている。生徒にしてみれば、退屈とは、学校教育の内容に彼らが学びたいことがないときに感じるものである。多くの生徒は、教育システムに深い失望を感じている。授業エスケープは、ひとつのコーピングメカニズムになり、学校が彼らを授業にひきこむのに失敗するときにも、彼女たちのこころと身体を活動的に保つための方法であるわけだ。

　こういうことは、教師が聞きたいことではまったくない。反対に、私たちは若者を責めたがるし、すべての子どもは毎日数時間、机の前に座り、知る必要があることを学ぶ義務があるという前提を、問いなおしたりはしない。確かに、現行の教育システムを捨て去って一から再デザインするとすれば、できあがるものは今日あるものではなさそうだ。私は、子どもを

学校にいさせる時間を減らすとよいと思っている。私たちは，メンター制や徒弟制，そしてコミュニティへの参加を強調する旧式の教育に戻るべきなのだ。このようにいうのは，私が学校生活についてインタビューしたとき，若者自身が言外にほのめかしたことだからである。

> 私たちは，若者に，私たち大人が作り上げ，構造化されて秩序だった世界を，それが若者にあっているかどうかにかかわらず，受け入れるように強いている。だから，彼女たちがそれを拒否したとしても，驚くべきことではない。

私たちがたずねる質問の重要性

　私たちが，若者に自己批判的になりなさいと言うならば，私たちの方でも，自分たちの生活や，それをコントロールしているシステムについて，彼女たちの言い分を聴く用意がなければならない。私たち大人の役割は，忍耐のモデルとなり，若者が，他者の真実の批判的消費者になるために必要なスキルを教えることだということを理解すれば，上から目線にならず，彼らと率直にアイデアを交換することはたやすい。私がしているいくつかの方法は，以下の通りである。

- ▸ 若者に，彼女たちの学校外での生活や，家での生活，そしてコミュニティでの生活についてたずね，若者の行動に忍耐をみせよう。私は，純粋に，若者の生活を理解したいと思っている。多くの若者は，私が聞いていることがわかったら，彼女たちのストーリーを喜んで私と分かちあってくれる。
- ▸ ルールを明確に説明する。踏み越えられない一線はどこなのかを，若者に知らせよう。と同時に，押しつけがましくなく，強制的でもないルールを作ろう。私は，若者の権利擁護者であると同時に，彼女たちに，自分が負っている責任（教育を受けること，他者に共感を示すこと，家族の幸せに参画することなど）を思いださせる立場

にある人々の権利擁護者でもある。
- 絶えず，若者の行動や選択によって得られるパワフルな自己定義について当人にたずねよう。と同時に，その同じ行動が脅威となってしまう別のパワフルな自己定義についてもたずねよう。停学をくらった生徒は，実際のところ，彼女の仲間内でのステータスを高めはするが，その代償に，両親からの尊敬を失う。停学を批判的にみるということは，自分の行動がもたらすポジティブな結果も，ネガティブな結果も認めることである。
- 若者が現実的に変わらなければならないことと，パワフルに感じ続けることの機会について，一緒に批判的に検討するよう若者を誘ってみよう。私は彼女たちに「君がしているのと同じくらい（パワフルに？　幸せに？　優しく？）感じられて，君をトラブルに巻き込むのとは違うやり方は，現実的には，どんなものだろう？」とたずねる。

> **戦略3**
> ## 若者が必要だというものに
> ## フィットする機会を創造する
>
> 　許容可能でパワフルなアイデンティティを作るためには，若者は大人に，彼女たちが直面している難題を認識してもらわなければならない。彼女たちは，以下の点で大人を必要とする。
>
> 1. リソースに乏しく危険な環境において健康的なオルタナティブを選ぶにあたり若者が直面する障壁を認識する。
> 2. 若者が女子ないし男子として直面する障壁について理解するよう援助し，オルタナティブを提案する。
> 3. パンダやカメレオン，ヒョウが，自分のアイデンティティの，社会的に許容される抜け口を見つけられるよう援助する。

機会構造

　若者が批判的な見方をするよう促すことは，若者を変化に導く選択肢を提供する責任を大人の双肩へとかけなおすことになる。私たちは，若者の機会の構造について考える必要があり，若者が問題行動を起こすことの代わりになりそうな新しい機会にふれられることを確かなものにしなければならない。

　私はもはや，ジェフリーのような若者のサバイバル戦略には驚かない。若者たちが持てるかぎりのものを使って，できるかぎりのことをするようにさせる手がかりを持っているからだ。1943年，ウィリアム・ホワイトの『ストリート・コーナーソサエティ』［邦訳：有斐閣，2000］の出版により，私たちは途端に，都市部のコミュニティのギャング活動の内側がどんなものか把握することになった。しかし，ホワイトが発見したことは忘れさられているようにみえる。ホワイトのフィールドであったコーナービルでうまれた若者たちは，人生はどうしたらずっとましなものになるかを，よそ者

よりもよく知っていた。コーナービルで育った少年が成功したいなら，違法行為か政界進出かのどちらかしかなかった。
　犯罪と慣習的主流派ではまったく異なると思うかもしれないが，それは部外者のたわ言である。コミュニティのなかにいるものにとって，どちらの路もよいものだということをホワイトは示したのである（Whyte, 1943）。どちらもその地区に対する忠誠心を形作っているし，そこに参加する若者を高い地位におしあげる。コーナービルの本当のリーダーは，コミュニティの外部で成功をおさめた者ではなく，そのコミュニティのなかでリーダーと認められた者なのである。
　若者がする選択というのは，彼らに与えられた機会構造を反映していることを私たちが理解し，若者がそれを理解するのを援助していくにつれ，若者は自分たちのふるまいに批判的になっていくだろう。禁煙運動について思い起こしてみてほしい。そこで，子どもたちは，いかに自分たちが巨大タバコ産業に操作されていて，会社のエリートたちによってバカにされ，そして誤ったイメージを売りつけられているのかを見せつけられる。喫煙はもはや，若者が経験する成熟ギャップに対処する1つの方法として，すんなり受け入れられるものではなくなっている。しかしながら，テリー・モフィット（Moffit, 1997）という発達心理学者によれば，子どもというのは，いずれにせよ，子どもと大人のあいだの分断を越える方法を必要としている。
　おそらく若者が，自分自身の文化，つまり大人を当惑させる行動を含む文化をみつけるのは，このためだ。MSNメッセージやチャットルーム，テキストメッセージ，およびその他のサイバーコミュニケーションは，若者が実年齢に応じた大人としてのパワフルなアイデンティティをみつける1つの方法なのである。結局のところ，わたしたち教師や両親のほとんどは，流行のテクノロジーに遅れずについていくのは難しい。自分たちの古くさいビデオデッキに出番はない。

それで，女子はどうなのか？

　ホワイト（Whyte, 1943）のコーナービルに関する著作には，主にアメリカの都市部で成長する男性のリアリティが語られている。しかし残念ながら，ホワイトは，彼が会った女の子についてほとんど書いていない。現在とは異なり，研究者は，男性が直面するのと同じリスクに女性がどのように対処しているかということには興味をもたなかった。事実，男子と女子はまったくもって似通った対処法で，ポジティブな行動とネガティブな行動とを思いがけない配合でまぜあわせて健康を維持している。男子と女子の対処法の違いは，ごく表面的なものである。

　マイナス面でいえば，このことは以下のようなことを意味する。

- 男子と同程度のストレスにさらされている女子は，男子同様，危険な非行によって行動化する。女子も男子も，多くの異なるリスクに直面している者は，早くに子どもをもうけたり，犯罪歴ができたり，おとなになっても非行が続く傾向にある。
- 女子は，子どもを育てたり，うつ病になりやすいため，法を冒して刑務所に入る男子よりも，見た目にはリスクが低い。
- 女子は男子同様にいじめをするが，あざけり，からかい，そして仲間はずれのように隠れた手段を用いる。一方，男子のいじめは目立つものであり，押しあい，もみあいのほか，身体の大きさを生かして脅したり言うことをきかせたりしがちである。
- 女子は，もめごとをおさめる手段として暴力を使うことが着実に増えてきている。しかし，西洋諸国における全体的な暴力犯罪の低下とともに，男子は実際に，より暴力的でなくなっている。
- 女子はいまや男子よりも多く喫煙している。彼女たちは，やせたり，食欲を抑えたり，あるいは大人っぽさを出そうとして，タバコを吸う。男子は，喫煙が減っている一方，自分のイメージを作り上げるべく筋肉増強剤を以前よりも多く使っている。

　プラス面としては，以下のことがあげられる。

- 男子も女子も，セックスを性交に限れば，その性的活動性は割り引かれて報告される（Kids count, 2004）。しかしセックスに，オーラルセックスや相互マスターベーション，そして他の形の性的接触も含めるならば，男子も女子も，同じくらい，ないしそれ以上に性的試みには積極的である。
- 女子はいまや男子よりも長く学業を続けるようになっており，大学に進学し，伝統的に男性のものと思われていた学範（つまり，エンジニアリングとか物理学，および医学）においても，定員をうめている。一方，男子は，以前よりも教師ないし看護師になることが増え，学業を続けたり家族の唯一の稼ぎ手になるプレッシャーは軽減されている。
- 男子は（子どもがいれば）自分たちの子どもと関係を築きたいと語っている。しかしながら，女子はいまだに仕事と育児の両立に悩んでいる。

　若者の対処法にたくさんの変化が起こったことで，私たち大人が混乱するのはおかしなことだろうか？　物事は，若者たちが見ているとおりではないし，メディアが私たちに信じ込ませようとしているようでもない。結局，男子と女子はどんどん似てきているのだ。女性が高等教育を目指すように，良いこともあれば，若い女性が，他者に身体的な害を与える少数の男性のように，暴力的ライフスタイルをとりいれるなど，悪いこともある。
　彼らの選択は，彼らに与えられた機会の反映なのだ。男子と女子にとっての機会の変化は，パワフルなアイデンティティにもっと選択肢が増えたことを意味している。私たち教師や支援者がこうした機会を与えることができたら，若者への公正な対応における壁を突き崩すことができるので，彼女たちは，自らユニークでパワフルな方法で選んだアイデンティティをとおして自分自身を表現する方法をみつけるチャンスを増やすことができる。
　このオルタナティブをどのように紹介し，彼女たちの選択についてどう議論するかは，リスクのある子どもや若者とかかわる仕事をしている大人

にとって，挑戦でありつづけている。

たずねるべき質問

　出発点として一番よいのは，若者の生活を，当人が置かれた文脈のなかで考えることだ。若者に対して，私たち大人が許容できる範囲でふるまうことをのぞむのは，道理にかなったことである。若者にとってなんの意味もないとき，その行動を彼女がとるべきだと期待するのは，フェアなことではない。若者の生活のなかでの機会と制約を探るために，私はなんとか以下の質問をする。

- ▶ 君にとっての成功とは，どんなものですか？　自分が成功したことは，どのようにしてわかるのですか？
- ▶ （男の子として，女の子として，生徒として）成功した生活を送るのに障壁となっているのはなんですか？
- ▶ （薬物をやる，怠学，いじめといったような問題行動の名前がはいる）は，どうやって君が成功するのを助けるのですか？
- ▶ こうやって成功することで得られる結果は，なんですか？
- ▶ 誰が，あなたの対処戦略に気づいていますか？　その人たちはそれを認めていますか，認めていませんか？　いずれせよ，それは君にとって重要ですか？

　次章では，私はジェイクという男の子との面接の逐語録を提示する。それは，いかにこの種の質問が，現実に意味のある会話を作っているのかを説明するのに役立つだろう。それまでのあいだ，戦略4は，私たちが両親ないし教師として言おうとしていることが，自分たちがケアに携わっている若者に聞いてもらえることかどうかを確かめるための，より具体的な手がかりをもたらす。

> **戦略4**
> # 若者が耳を貸し，敬意を払うような仕方で話す
>
> 　若者は，自分たちがどのようにふるまうのかを（自分自身で）決める力を，私たちが脅かさないと信じることができてはじめて，私たちの質問に答えたり，心配を聞き入れたりする。彼女たちには，私たちの以下の対応が必要である。
>
> 1. 抵抗を引き起こさないように話すこと。
> 2. 私たちがリスクに対して感じている怖さや嫌悪感をつつみかくさず話すこと。
> 3. 無条件の思いやりをむけること。
> 4. どのように自分自身の真実を表現することが他者からの敬意につながるかのモデルとなること。

若者は何を聴くのか？

　ご親切にも私たち大人は，人生に関して一緒に話し合おうと若者に近づく。しかし，彼女たちはしばしば，私たちの招待を断る。だから多くの教育者や支援者たちは，どれだけごまかしのない質問と，親密な好奇心でもって若者に近づいたところで，彼女たちがこころを閉ざしているかのように感じる。私のもとにアドバイスをもとめて多くの教師や両親が訪れるが，どういうわけか，彼らにとって，私はあたかも若者をしゃべらせる魔法の杖をもっているかのようだ。そんなだったら，どんなに楽か！

　事実はアベコベであり，私は若者とかかわるためにいくつかの単純なルールを頼りにせねばならない。以下に，教師や支援者の発言例をいくつか示すが，それは，人生においてすでに大人に対して腹を立てている若者でも聴き入れてくれるかもしれないことである。大人とのよい関係性をもっている若者は，あまり批判的にはならないし，もっと許容的である。残念な

がら，私がこれまでに出会ってきた若者の多くは，教師や支援者の行為の裏に，よい意図を感じとろうとしない。たとえ善意の大人が話そうとしていても起こった問題の例（若者が私に話してくれた）を以下に示す。

（私たちがこう言うと）ベストを尽くして欲しい。君には幸せになって欲しい。
（若者にはこう聞こえる）私のようになるため，私に従ってほしい。幸せになるというのは，私のように生活することだ。どこが悪い？　私みたいにするにはどうしたらいいか教えてやろう。

（私たち）欲しいものは何でもあげるよ。何が欲しいんだい？
（若者）君には私が必要だ。1人じゃ，自分に必要なこともできやしない。君はまだまだ，私か私みたいな人に頼っているんだ。

（私たち）君の友達のことも知っておきたいね。いつでも連れてきて。
（若者）私は，君や，君の友達が，君をどんなふうにトラブルに巻き込むのか知りたいんだ。友達を紹介してくれれば，私は自分が役に立っていると思えるし，君の人生の重要な一部になったと思えるからね。

（私たち）学校は大事だぞ。短大や大学にいくのもそうだ。ちゃんと勉強するように。わかるか？
（若者）君は成長して，私のように働かねばならない。教育を受けなければ，ひとかどの者にはなれないぞ。

（私たち）君の身体は君のものだ。君はそれを尊重する必要がある。君を不快にするような身体の使い方を他人から強要されてはいけないんだ。
（若者）君にはセクシャリティがない。君は親密な関係をうまく操作できない。君は私みたいな大人になるまでは，自身のセクシャリティを表現するべきではない。身体は君のものだろうが，そ

の使い方は私が管理させてもらうよ。

　正直いって，私たち大人は，自分たちが言わねばならないことを，若者にこんなふうに聞いてほしいとは思っていない。「なんてこった，畜生」，「こっちは，心底，子どものためを思って言っているんだ。これを言わずに，何を言うっていうんだ？」と言いたくなる。問題は，ここういったことが言われる必要があるということだ。1つひとつは，若者を成人へと導くことへの責任を示し，私たちが情熱をもっていること，誠実な願いをもっていることを示している。もしも若者が，大人は自分たちのことに心から興味をもっているのだということを本当に信じることができれば，いずれも役に立つことである。しかし，両者の関係性に緊張がある場合，大人としての私たちを表現するのには，別のやり方が必要になる。

言う必要があることを言う別の方法

　若者への新しいアプローチに特徴的なのは，大人が心配して変化をのぞむ若者の厄介かつ危険な行動は，若者が私たち大人に敬意を抱き，話を聴いてみようと感じてはじめて変化するものだという認識だ。もしも私たちが大人として，言うことを変えれば，私たちはもっと若者と会話を進められるし，少なくともケアにおいて，私たちは（たとえ危機が訪れようとも）若者のためにそばにいるというメッセージが伝わる。たとえば，それは以下のように，である。

　（私たち）君の幸せは，私にとっても大事なことなんだ。何が君を幸せにする？　人生がうまくいくというのは君にとって，どんなことだろう？
　（若者）自分自身を表現できて嬉しいよ。私は君の世界も，それがどういうふうに動いているのかも理解したいね。評価は止めておこう。君の人生について十分知らないのだから。まずは，それがどう動いているのか教えてほしい。

(私たち）君が欲しいものを見つけるのが上手だということは，わかっているよ。必要なのに，まだ見つけられていないものがあったら，教えてほしい。探すのを手伝うから。

(若者）君に私が必要なら，私はここにいよう。どうやったら助けになるのか教えてほしい。君には能力があって，自分自身のために何かできることは，わかっているよ。

(私たち）君の友達ってどんな人たちなの？　君が彼女たちと友達になった決め手は何だろう？　彼女たちはどこか特別なの？　もしも私が彼女たちに会ったとしたら，私は彼女たちのことを気に入ると思う？

(若者）私は，君の友達について聴きたいと思っていて，特に彼女たちのどこが好きなのかを聞きたい。私は彼女たちと会う可能性を拡げたいけれど，それが良いアイデアなのかどうかは，君が判断すればいい。

(私たち）学校は大事だよ。短大や大学にいくのもそうだ。十分な教育が受けられたこと（あるいは，受けられなかったこと）は，私の人生において大きな意味をもった。学校に行く／行かないが，君の人生にどのような違いを生むのかということについて，君の意見はある？

(若者）君は成長したから，長期的結果をともなう意思決定をすることになった。かつて私もそうだった。私は教育によってたくさんの考えを与えられたから，君もそうなるといいと思う。でも，それだけじゃなくて，教育が君にとってどんな意味をもつのかも理解してほしいんだ。教育は適切なことだろうか？　君の人生に違いを生むだろうか？

(私たち）君の身体は君だけのものだ。いろんな感情がたまっている。そういうのを表現しても構わない。性的な考えや感情をもつのもOKだ。君が満足のいく方法で自分自身を表現できたらいいと思うよ。もう1つ知っておいてほしいのは，もしも君の

身体のことで不快に感じたり，誰かのせいで不快に感じること
があったら，ここにきて私と話すことができるということだ。
(若者) 君にはセクシュアリティがある。だから君はそれを表現する
だろう。そういう考えや感情についてポジティブな経験をして
もらいたいし，自分の身体をコントロールしていることも感じ
てほしいね。私はここにいるよ。もしも君が誰かとつきあって，
トラブルに巻き込まれたら，手助けするためにね。

若者に対して，私たちに一体何が言えるのか。ヒントになること以上のことは言えない。状況が変われば，また新しい言葉が必要だ。どんなものであれ，善意で大人が言うことは，若者には助けになる。若者はこのことを何度も私に教えてくれた。これは若者が私に言ったことだが，2つ目の一連の例では，大人が言うことを若者が聞き入れやすくなる工夫がされている。大人が心がけるべきは，以下の事柄である。

命じるのではなく，分かち合うこと
　　思いやりのある教師とかカウンセラー，支援者ないし両親は，若者にああしなさいこうしなさいと言うのではなく，逆に，大人の人生経験についての情報を，若者と分かち合おうとする。

無知 (not-knowing) はよき出発点である
　　大人は若者の人生について，心からの興味をもって探求する。すなわち，彼や彼女は何が好きで，何が好きでないのか，感じたこと，考えたことへ，心からの興味をもつのである。

アドバイスより選択させること
　　どのように振る舞えばよいのかについての選択肢を，大人は若者にまかせることだ。どのみち，若者が大人のアドバイスを聴くなどということはありそうもないのだから，権威をちらつかせて関係性を犠牲にするのはいかがなものか？

心から分かちあうこと
　　自分たちの生活に何が起こり，その結果どうなったのか説明するこ

とで，大人は自分たち自身もなんらかの感情や考えをもっていることを示すことができる。

いつも，そしてこれからもそばにいること

　支援者は，若者が自分の人生について何ごとかを分かち合おうとするとき，そばにいることを申し出るが，そのタイミングは若者にまかせるべきだ。

> 若者が自分自身の行為によって成し遂げようとしていることの真価を理解し，敬意を抱きつつ好奇心をもつように，私たち大人が自分をもっていけば，私たちと若者とのコミュニケーションは実りあるものとなりやすい。

4 真実から行為へ——「戦略2」から「戦略5」までを実行に移す

> **戦略5**
> ## 最も大切な差異を見つける
>
> 若者は，自分がどれほど他の厄介者とは違うか認識してもらうために，大人を必要としている。彼らは大人を以下の点で必要とする。
>
> 1. 若者が自分自身や自らの行動を理解する上で役立ちそうだと思わないかぎり，若者をラベリングすることを避ける。
> 2. 若者が自分自身をパワフルで，自分の人生をコントロールできていることを示す，ユニークな機会を若者に提供する。
> 3. 生徒たちに対して行われようとしている個人主義的教育と，治療計画を支持する。
> 4. 社会的に受け入れられたパワフルなアイデンティティの上演に対する「聴衆」を集める。

若者のモチベーション

　私は，問題を抱えた若者の人生におけるリジリアンス・パターンについて考えているので，若者が健康に必要なものにむけてどのように自分を導くのか，他の人たちよりも気づきやすいのは事実である。しかし不幸なことに，しばしば私が目にするのは，私の安全感覚を脅かす危険覚悟の行動なので，私はそれをとりしまることになる。自分自身について語ることのできるパワフルな事柄を発見するための若者の危険覚悟のモチベーションを理解する代わりに，私は躊躇し，彼らに引き返すよう言い張っている。

　私は，若者が私に話してくれていることには目をつぶるわけだ。若者からすれば，尊敬する人たちになんとか受け入れてもらおうと思ったら，自分も，それから自分たちの周囲にいる大人も不快にするようなことをする必要がある。

傷つけるラベル

　若者から関わりの手がかりをつかんでいる以上，私は子どものラベリングには抵抗する。自分たちの診断への強迫が強いことも自覚している。子どもたちにつけるラベルや診断基準は，午後のトークショー同様，専門家同士のレポートでもふんだんに使われる。それらは，大人が若者を参照する上での危険な簡略法となっている。それらは人畜無害というわけではないのに。この心理学的言説は，若者の生活を，彼女のライフストーリーの1つのアスペクトからしか定義しない。

　反対に，私は，教師やカウンセラーに対して，若者がいかにステレオタイプ（すなわち，よその人が彼らに対して抱き，それが当事者である若者の行動を縛っているもの）とは違う存在であるかに気づくよう働きかける。そこには，若者の多くにつけられた診断が，予見可能性という恐るべきものの支配下に子どもたちをとじこめることも含まれる。こんなことを言うのは，私ひとりではない。ケネス・ガーゲンらは，診断行動，とりわけ発達途上の苦しみのなかにいる若者に対する診断行動は，本人たちにはほとんどその目的を果たさないと言っている（Gergen, Hoffman & Anderson, 1996）。私たち大人にとって，診断は安心材料になるし，治療や投薬のガイドになる。しかし，診断にともなうアイデンティティが，人生上の難題を乗り越えられるというパワフルな若者の自己定義にフィットする場合をのぞいて，治療上有効となることは滅多にない。多くのパンダやカメレオン，およびヒョウにとって，ラベルされるということは，抵抗したり，不満を示したり，「誰も話を聞いてくれない」というための言い訳を与えるに過ぎない。

　私は，自分がいまかかわっている若者を，ユニークで，パワフルで，信頼が置けるようにするものを見つけたいと思っている。私は若者に，彼女たちがリジリアンスにつながっていく感覚をどうやって達成しているのか説明してもらいたいのだ。

いじめっ子もまた子どもである

結局，私がとりあげたジェフリーのようないじめっ子は，単に，反抗挑戦性障害や，愛着障害，抑制のきかない自己愛などを連想させる行動パターンをとるいじめっ子ではないのだ。それ以前に彼は息子でもあり，長年耐え忍んだ酔っぱらいの父親からの虐待に疲れ果て，傷つけられた母親の世話をしなければならなかったのである。

いじめっ子は犠牲者でもある。年中，監視下におかれ，年中，誰かが彼にしょいこませる真実に用心深くあらねばならない。いじめっ子は，将来にほとんど見込みがないという事実や，将来成功するほどに利口でもなければ，強いわけでも勤勉でもなく，さらに愛されているわけでもないという事実の残酷さから守られてきた子どもたちのことなのである。

ここでラベルはわきにおいて，裏側をのぞきこむ双眼鏡を下ろし，若者自身の視点からみえた世界を，束の間であれ，よく理解すれば，私たちは，乱暴な若者とその犠牲者についてなにかを学ぶことができる。

それは，私たちにとって座りのいいところではない。『小さいことにくよくよするな！──所詮，すべては小さなこと（"Don't sweat the small stuff... And It's all small stuff"）』の著者であるリチャード・カールソン（Carlson, 1997）［邦訳：サンマーク出版，2000］が，「たいていは相手が正しい」（p.33）［邦訳，41頁］と書いているように，私たちは，若者が健康になるために，もっとも奇妙で，ときにもっとも破壊的な道をとるということを受け入れなければならない。ずっとそうだったのだから。

私たちは，若者はすべて，われわれの文化を破壊し，悪いことをするのに必死であるという自分たちの信念を自ら笑うことができる。そして，私を7年生のときに苦しめたいじめっ子のジェフリーは，こういう破壊に向かっていた。しかし，ジェフリーをただの悪ガキだと理解していては，彼自身の視点からすれば自分のしたことにも理があるのだと言うための余地が，彼に残らないことになる。もしも私たちがジェフリーを変えたいと思ったなら（これこそ私のゴールであり，ジェフリーの犠牲者のためでもある），

私たちはまず，ジェフリーにとっての真実と，それが彼の人生について何を語るのかを理解しなければならない。私たちはジェフリーを，「いじめっ子」として括られるカテゴリーの1人としてではなく，一個人として理解しなければならない。すべてのいじめっ子がそうであるように，ジェフリーも彼のこころの中では一個人であり，自分のバージョンの真実がユニークであると理解されることを必要としている人なのである。

ジェフリー，最後の戦い

　私は今までジェフリーと，彼の行為についてしゃべったことはない。ふりかえってみれば，7年生のクラスでは，私が当時理解していた以上に多くのことが進行していた。ジェフリーは，本当はクラスの道化役になりたかった。ただ，うまくやれなかった。なぜかというと，私たちのクラスには，ひとり，皮肉屋で，誰彼となくぼろくそに言う，怒れる女の子がいたからだ。彼女はこれ以上ないほど愛らしく，男子の股間を容赦なくけりあげたかと思うと，のびた少年のそばをとおりすぎざま微笑むことができた。ジェフリーがのぞんだのは，彼女のその力だ。それは，僕の力を手に入れるよりは簡単なことだった。彼が彼女のチームにはいるには，どこでも悪いことをしさえすればよかった。

　ジェフリーはやがて，性的にあけっぴろげな冗談と，ガールフレンドとのセックスを覗かせた兄貴の話によって，男子のなかで一躍有名になった。彼は，思春期の只中にいる仲間にショックを与えるのに必要な話をポルノ雑誌の中に見つけていた。これによって，誰にとってもジェフリーとの関係は余計むつかしいものになった。結局，私だけが彼から距離を取らねばならなかったわけではないのだ。

　私たちは，忙しい船着き場の小さなセーリングボートよろしく，ジェフリーの視野に入らないようにしていたものの，なぜか必ず，遠くからでも彼につき従い，トイレの落書きのごとき彼の話を聴く羽目になった。

　ジェフリーと私との奇妙な関係およびそこでのハラスメントは，（以下でのべるような）奇妙な収束がなければ，その後も何回かは続いただろう。

それは11月の下旬で，ランチはほとんど地下のカフェテリアで食べるようになっていた頃だった。その日，ランチにはフレンチフライがついてきた。僕はそれを自分で皿にとり，寄せ木細工タイルの床に並んだ折りたたみ式テーブルの1つに座った。授業中以外いつもそうするように，僕は眼鏡をはずしてプラスチックのケースに入れた。眼鏡は好きじゃなかった。眼鏡ケースはトレイの上においた。

　ジェフリーはランチの途中でやってきて，僕のトレイにぶつかり，笑いながらふりむいて，僕のほうにかがみこんだ。そして僕のフライをつまみ始めた。立ち食いだ。彼にそこまでさせる自分が馬鹿に見えることは，重々承知していた。彼がトレイをげんこつで叩いたときに一緒にいた2，3人の連れは，もう食事の列に並んでいたが，あきらかにジェフリーを見ていた。

　僕は自分が困惑していることに，とても混乱していた。頭が熱くなった。僕は赤面し，考えも混乱した。ジェフリーがつまみ食いしたのはわずか数秒のことであり，そのあと僕を一発押して，歩き出した。彼に言いたいことはいっぱいあったが，僕が何か言う前に，彼はすぐに立ち去ってしまった。しかし，僕は立つこともできず，それでますます混乱した。彼が僕のランチを汚したのは，誰の目にもあきらかだった。だから，ジェフリーとその他の男子が食事の列に並んで，彼らの注意が注文に移るまで待った。僕は立ち上がって，トレイをほうりなげ，カフェテリアを後にした。校庭のなかに静かな場所をみつけると，寒いのも忘れて，校舎の裏階段に座り，落ち着こうとした。今にも泣きそうだった。

　予鈴がなったとき，僕は眼鏡をなくしたことに気づいた。これはただごとでは済まない。僕の家庭はさほど裕福ではないし，夏の終わりに眼鏡を割って買い直していたのだ。両親に懇願して，誕生日にもらったお金を足してでも少し上乗せして，よりファッショナブルなフレームを買ってもらっていた。眼鏡のことを母親にいうのは怖かった。しかし率直にいえば，それよりも，安っぽいフレームの眼鏡をかけなければならないことを怖れていた。それだと，自分が自覚している以上にダサい「優等生」に見えるからだ。

　あきらかに動揺して，僕は担任の先生のところまで走って行き，「眼鏡を探しにカフェテリアに行ってきます！」と告げた。もちろん，眼鏡はゴミ箱の中だと思っていた。取り乱して地下まで走っていき，僕は食べ残された何百ものラ

ンチのなかから眼鏡を探しはじめた。カフェテリアの女性店員が手伝ってくれた。彼女たちは，ゴミ箱はランチの後そのままだと保証した。30分間探したが，運はなかった。涙が溢れ出た。そして，このとき僕は理解したのだった。頭のなかで，眼鏡になにが起こったかを考えたあぐねた末の結論。ジェフリーがもっている，そうに違いない。

　僕は手を洗って，みつからなかったと先生に言いに戻った。先生は僕が泣いていたことも知っていたはずだ。僕は彼女に，家に電話して，何が起こったのか母親に話したいといった。彼女は僕を職員室につれていき，そこにはガイダンスカウンセラーが呼ばれていた。この間ずっと考えていたのは，家に帰って一から説明しなくて済むなら，それはそれでずっと簡単だということだった。

　でも僕は，起こったことの責めを受けるか，あるいは絶対にジェフリーが眼鏡ケースをとっていったと母親に言うかで悩んでいた。結局，自分自身のために，僕は母親に，それまでに何が実際に起こったのか自分の信じるところを話した。ジェフリーはここ1カ月，僕をいじめていたから，眼鏡をとってもおかしくないと。次に憶えているのは，母親がガイダンスカウンセラーのミセス・モリソンに電話口に出てもらうよう僕に言ったことだ。数分後，ミセス・モリソンが電話口に出て，眼鏡を見つけるために全力を尽くしますと話した。彼女は，なぜ僕がジェフリーが取ったと思うのかと訊ねたので，僕は，ジェフリーが自分をどのように扱ってきたかを伝えた。こころの重荷を下ろすのはよいことだと思った。彼女はうなづき，聴いてくれた。なによりも，彼女は僕のことを信用してくれたのだ。

　ミセス・モリソンは僕に，彼女のオフィスで待っているように言った。彼女は，自分がジェフリーに話してみるといった。数分かかるが，ここで待っていて欲しいと。返事はしなかった。ただ，次に何が起こるか心配だった。自分は何のために，ここにいるのだろう？　家のトラブルでは飽き足らず，学校でもトラブルが必要なのか？　そこに座り，また泣きそうになりながら，靴ひもをもてあそんだ。

　20分後，ジェフリーとミセス・モリソンがオフィスに入ってきたときも，僕はまだ座っていた。僕はミセス・モリソンの机のそばの本棚から選んだ本を下ろした。ジェフリーもミセス・モリソンも座らなかった。ミセス・モリソンは僕の前に立って，あなたがこの子の眼鏡をとったのかとジェフリーにたずねた。

「違うよ，何にもしてないよ」と彼は答えた。

ミセス・モリソンは厳しい顔をむけて，彼に言った。「よろしい。でも，これは真剣よ。もう十分。次にこの子を困らせたら，直で校長先生に行くからね。次のチャンスはないわ。わかった？」

ジェフリーはこのとき，あまり大きくは見えず，しなびてみえた。目は潤んでいた。混乱しているのがわかった。僕は，彼が眼鏡をとったと思っていたが，彼を見たら，少しばかりそのことを恥ずかしく思った。たぶん彼はとっていない。でも，そんなことは，本当は重要じゃなかった。眼鏡はあきらかにどこかに行ってしまったのだ。両親は新品を買わねばならない。先にジェフリーについて報告しなければ，僕は怒鳴られるか，それ以上に叱られるはずだ。

最小の痛みからの最大の利益

不思議なことに，そしてこれに私は最も混乱しているのだが，このオフィスでの出会い以来，ジェフリーは私の人生から姿を消したのである。彼は二度と私に近寄ろうとしなかったし，二度と私を煩わすこともなかった。体育の授業，すなわち私が他の男子よりも１つ歳下であることがあきらかになる特にややこしい場面でも，彼は二度とからかわなかった。彼は二度と，シャワールームで私の方を指差し，身体のことで恥をかかせなかった。彼は私を見えないものにした。もちろん，彼は変わってなどいなかった。犠牲者は他にいた。しかしありがたいことに，私はもはやそのうちの１人ではなかったのである。

> **1つのアイデンティティをみつける**
>
> ⇨ アイデンティティは，言語を通して私たちのもとにやってくる。アイデンティティとは，意味と権力を与えられた言葉である。
> ⇨ アイデンティティは，私たちの生活状況にフィットする。アイデンティティは，私たちが健康を感じるために必要とする何かへのアクセスを反映している。
> ⇨ アイデンティティは，私たちを他者とは異なるものにする。
> ⇨ アイデンティティは，自分たちが他者から見られたいように，他者を説得する仕方で「上演」される。

若者は，もっとも手に入れやすい健康への筋道を選ぶ。障害物のある筋道は，もっと容易な旅が選ばれることによって，回避される。このルールの唯一の例外は，あまり選ばれない道筋でも，余分な努力を価値あるものにする特別な見返りが提供されるときである。

　時間が経つにつれ，そして何百人もの若者との会話のおかげで，私はどうしてジェフリーが私をあきらめたのか，以前よりよくわかってきた。私は単に，もはや努力に値するものではなくなったのである。ジェフリーは決して，パワフルなアイデンティティを強固なものにする努力は払わなかった。彼はパワフルさを感じていられることを喉から手が出るほど求めていたが，率直に言えば，私への攻撃は，彼がサバイバルする可能性を脅かしたのである。痛みや苦しみなら，彼は自宅で十分に味わうことができた。学校では，わずかでもパワフルさを感じられる機会を求めたのだ。

　ミセス・モリソンは偉大だった。彼女は私を守ってくれた。中学を暮らしやすいものにした。しかしながら彼女は，次のステップをふみだし，ジェフリーにバリケード以外のなにかを提示することはなかった。彼女は，ジェフリーが一個人として一体何を必要としているのかということや，どう

して彼の行動が彼にとっては意味をもつのかということを決してよくはわかっていなかった。

　私たちはいまや，ありがたいことに，ジェフリーのような生徒を支援する手段を以前よりたくさん持っている。こうした生徒の変化を援助する解決策は，私たちが時間を割いて彼らの生活についての語りにしっかり耳を傾ければ，若者自身の手元にあるかのように身近にある。第1章の冒頭に掲げた若者を助ける6番目の戦略は，最後の戦略である。私たちの介入を意味あるものにしようと思ったら，そのようにして終える必要がある。すなわち，抑えつけるのではなくて，代わりを探すということだ。この6番目の戦略は，その上で若者の行動がシーソーにのったかのようになる支点である。これに先立つ5つの戦略は，この代替を正しいものにする段階を設定するに過ぎない。つまり，そのオルタナティブが，若者の世界観と，若者のニードにフィットしていることを保証するに過ぎないのだ。

　次の章では，この6番目の戦略について詳細に探っていく。若者のニードと，若者がどのようにリソースにわたりをつけるのか理解することによって，私たちがどのように「代わり」を提供するべきかの手がかりがつかめるだろう。

若者の
リジリアンスの
たくさんの表現

あんまり悔しくて，はらわたが煮えくり返っています。でもそれを顔に出すわけにはいきません。思いきって地団駄を踏んだり，金切り声で叫んだり，ママにむしゃぶりついて泣きわめいたり，めちゃめちゃなことをしてみたい。それもこれも，毎日わたしにむかって浴びせられる悪口雑言，軽蔑の目つき，非難や叱責などのため。……みんなから与えられた傷をさらけだすわけにはゆきません。みんなに同情されたり，善意のひやかしを聞かされたりするのには堪えられません。そんなことをされたら，ますますひどく金切り声をあげたくなるだけですから。わたしが口をきくと，みんなから利口ぶっていると言われます。黙っていると，ばかみたいだと言われます。口答えすれば生意気だと言われます。なにか名案が浮かぶと，悪賢いと言われます。疲れていれば，怠慢，一口でもよけいに食べれば，身勝手，まだそのほかにも，とんま，臆病，狡猾，エトセトラエトセトラ……
——アンネ・フランク『アンネの日記（増補新訂版）』
深町眞理子訳，文春文庫，144-145頁

危機に必死に取り組んでいる教師やカウンセラーは，ときどき，若者が言っていることを誤解する。もっと言えば，彼らは，危険，非行，逸脱，障害という 4D 行動を示している若者の話が彼らのサバイバルを助けるなどというのは，まったく見当違いで馬鹿げたことではないかと思っている。そもそも，若者の 4D 行動こそが，彼らの職務，すなわち教師やカウンセラーとしての仕事をより困難なものにしているのだから。

私の担当する最もトラブルを起こす若者でさえ，薬物をやったり虐待し

たり，学校をやめたり，その他どんな形であれ自傷他害の行動をそれでいいなどとは思っていないと，何度も繰り返し言う。こんな経験がなければ，私も多くの教師やカウンセラーと同様の疑問をもったことだろう。若者たちも私と同じように，危険，非行，逸脱，障害という4Dに欠点があることは承知している。しかし，彼らは，他に選択肢がなければ，こうした行動に意味があることもわかっているのだ。

> **戦略6**
> ## やめさせるより代わりを見つける
>
> 若者は問題行動に対するパワフルなオルタナティヴを彼らに提案する大人を必要としている。彼らは大人を以下の点で必要とする。すなわち，
>
> 1. 危険，非行，逸脱，障害という4Dの行動を，リソースに乏しい環境下でのコーピング戦略とみる。
> 2. 若者が，自分自身を語るための新しく，より広く受け入れられているストーリーを提示する。
> 3. 新しいストーリーの聴衆となる。

必要とされていること——新しい自己定義

　教育者や，心配しているケア提供者たちは，若者の4D行動がそれなりに理にかなったものだったと（たとえ束の間であれ）認めたりしたら，その行動を強化してしまうのではないかと怖れの気持ちを抱く。これは，教育者や両親を，十代の母親とその赤ん坊のための「高校に併設された保育園」反対へとかきたてるのと同種の怖さである。「あの女の子たちが赤ちゃんを抱いているのをみたら，うちの生徒（娘）はどうなると思います？　自分も赤ちゃんが欲しくなるに決まっています」

　この手の信念は，考えるほど稀なことではない。驚くべきことに，私たちは，選択肢のある若者も十代の母親という混沌とした生活を選ぶと思い込んでいるのだ。もちろん，彼女たちがそういう選択をすることはあるわけだが，多くの研究結果によると，それは，十代のママという役割が，コミュニティへの貢献という個人的定義にむすびつくか，せめて1人の大人として認識されるような場合である（Ladner, 1971 ; Taylor, Gilligan & Sullivan, 1995）。私が知るなかで，望んでいないのに子どもができたのは1人だけで，その妊娠はアクシデントによるものだった。このような女子にとって，

リジリアンスを育てよう

学校における十代のママという役割モデルは，安全でないセックスへの抑止力となるし，自分たちの行動の結果への警鐘にもなる。そうでない女子，つまりなんらかの地位を求めて母親になろうとする女子には，自分の母親と一緒に学校で赤ん坊を世話する方が，自宅で赤ん坊とふたりきりでいるよりずっとよい選択肢だと教えることができる。つまり，あなたは母親にもなれるし（だから，コミュニティのなかでは大人と認識される），教育を受ける人にもなれるのだと。

本章では，若者のリジリアンスについての，たくさんの重要なアスペクトを見ていくつもりだ。若者たちによれば，それらは，成功をつかむための構成要素である。また，リジリアンスを示す表現が見つけにくいものだと思い込まないように，というのも彼らの助言だ。なぜなら，実際，多くの場合，それを見つけるのは随分簡単なことで，問題行動に着目すればよいのだ。パワフルなアイデンティティを探すには，開かれたこころを保つことだ。

> **私**たちがかかわっている若者の行動は，自分自身の子ども時代を振り返れば，もっと意味をもつようになる。自分たちだって，かつてはパワフルなアイデンティティを探していたのだ。私たちの多くが，健康の探検によって，奇妙な場所へつれられていく。そこは，今日の子どもたちの行動と同様，私たちの昔の行動が親によって非難された場所である。

私たちは，これが本当のことだとわかっている。というのも，それが自分自身の汚く，小さな秘密でもあるからだ。自分に素直になれば，私たちも若者だった頃には，意図的に自らを危険な状況に追いやり，そうすることで自らに刻むアイデンティティに爽快さを感じていたことを思い起こせるだろう。

サム

リサとトムは，サムという反抗的な 15 歳の少年の両親だ。サムはナイフで彼らを脅し，家族の誰からも金を盗み，何日も家を空けた。友達の家を泊り歩

き，一夜の寝床を探し歩いた。いつもハイな気分で，責任からはすべて逃げていた。両親が学校に行けと言っても無視したのは，サムさえ努力すればひとかどの人物になれるという教師の褒め言葉をはねつけるのと同じだった。

　リサとトムはよい両親だった。学校もなんとかしようと一層の努力を重ねた。しかし，サムにもっと責任ある行動を取らせることはできなかった。リサは「私はサムを見捨てません」と言い，その通りにした。

　私は，薬物依存やアルコール依存から立ち直ろうとしている若者のグループと仕事をしており，両親向けのサポートグループもやっている。私がリサとトムに出会ったのは，そのグループででであった。私は，リサとトムはもちろん，他の両親からも，子どもに対する渾身のサポートに感銘を受けた。たいていの人があきらめるのに十分すぎるほどの理由があったが，彼らはあきらめなかった。若者は，両親を身体的に虐待していたし，盗みもしたし，家も壊し，学校は中退し，地域にあっても彼らを困らせた。両親は精神的に傷ついていたけれど，それでも前進しようとしていた。彼らの子どもが安全で，家にいて，彼らと健康な関係をもってくれるようにする方法を探すために。

　サムのような若者にとって，簡単な解決方法などない。彼にとって，両親や教師，そのほか誰の言葉もナンセンスだった。しかし，両親によれば，サムは（立派なことに）皆に迎えられた。彼は（薬物の）デトックスプログラムに入り，スクーリングにも参加し，帰宅後登校計画を立てていた。彼の正攻法の先にあるわくわくするような人生は消えたのだった。両親は，この変化がずっと続くとは思っていなかった。サム自身にも，自分がひどいトラブルに直面していることがあきらかになってようやく，両親は彼になんとか治療を承諾させることができた。リサとトムは，サムがカウンセラーに会うことを承知したのは，それが刑務所よりは楽な道だからだろうと想像していた。そして，それはサムが直面していることだった。彼はそのことを知っていたし，彼の両親にもわかっていた。正攻法の先にあるライフスタイルによって彼は，窃盗や薬物の運び屋，そして頼まれれば何でもするといった具合に，自らを傷つけることにのめりこんでいった。教育の機会がなければ，早々に，犯罪活動以外の道は断たれたであろう。

ケイト

　ケイトは十代の若者で，ピル（薬物）やエクスタシー（MDMA），ポット（麻薬）乱用からのデトックスプログラムに参加していた。彼女の両親，ボニーとフィルは両親サポートグループに参加し，最初は静かに話を聞いていた。やがて，彼らは苛立ちはじめ，疑問をぶちまけはじめた。「すべてを手に入れている子どもが，どうして私たちにこんなことができるのですか。私にはわからない。なんだって彼女たちは，両親に対してこんなことができるのですか。ケイトは欲しいものはほとんど持っています。どうして薬物なのですか。それから男の子も，なにもかも。私たちは彼女が必要ものすべてのうちの，10分の1も聞いていないのは確かです」

　おそらく両親は聞いていなかっただろう。ケイトの学校カウンセラーや，デトックスプログラムにかかわるセラピストがそれ以上のことを知っているということもなさそうである。

　私は（両親の話を）聴き，『悪さをして遊ぶ（"playing at being bad"）』（Ungar, 2002）子どもたちについて説明しようと試みた。それは，サムやケイトのような若者についての適切な記述である。若者は，自分がパワフルだと思うアイデンティティを探しだし，それを維持するために，ものすごい努力をする。その過程で彼らは，好みの自己像について言っておかねばならないことについて，他者と意見を重ねる。

　若者をパンダや，カメレオン，ヒョウとして理解することによって，こうしたパターンのもっと詳細な観察が可能になる。3種の動物のどれかとしてのパワフルなアイデンティティを獲得し，維持するには，いろいろなやり方がある。

薬物使用の代わりを作る

　若者を薬物に対して「ノー」といえるようにし，代わりの行動へと向かわせるのは，容易なことではない。薬物はどんなものであっても，クラックであろうと，カフェイン，アルコールであろうと，ポット（麻薬）であ

ろうと，2つのレベルの依存をつくりだす。つまり身体的依存と心理的ニードである。若者にデトックスさせるということは，まず，若者を抱える環境を作り，身体的なアディクションと戦うのを助けることである。私たち保護者や教師，専門家にとってのデトックスは，誰もが彼らに（薬物をやるのは）「ダメだ」と言うこと，薬物やアルコールを私たちの家や遊び場から取り除くこと，若者に一度ならず治療を受けさせることだ。そして，薬物にはどんな良いことがあるのかという対話を始められるくらい，若者に安心と冴えた頭を与えることだ。

心理的なニーズを満たす

所詮，身体的アディクションを打ち破る援助は，そう難しいことではない。本当のチャレンジは，心理的なニーズの方だ。私たちはどうやったら，サムやケイトが薬物を楽しむ社会生活の代わりを提供できるだろう。どうやったら，違う仲間集団を提供できるだろう。どうやったら，薬物と結びついている冒険や覚悟を提供できるだろう。そして，自分を大人と感じられる，つまり彼らの人生に影響をおよぼす決断ができる別の方法を，どうやって提供すればいいのだろう。こうしたものすべてを，彼らがとても傷つきやすく，責任をとる準備ができていない段階，つまり管理が必要なときに，どうやって提供すればいいのだろう。

戦略を用いる

前章までで取り上げてきた5つの戦略にたちもどれば，その答えはいくぶんあきらかになる。まず若者に，薬物をやることのどういうところが好きなのか聞いてみることだ。質問は誠実に。あなたが誰かから，どうして君はそんな運転の仕方をするのかとか，どうして君は家をそんなふうに飾るのかとか，どうして君はああいう人たちとつきあってるのかなどと聞かれるとき，自分だったらこんなふうに聞かれたいと思うようなやり方で，若者にも質問しよう。私たちがアディクションの社会的および心理的アスペクト，感情の起伏，ハイになったときの多くの若者のエネルギーと爽快

さといったものを理解すれば、私たちは若者たちにオルタナティヴとして何を提供すればよいのか理解できるようになるだろう。

さまざまな事柄に、より批評的になることも、会話への扉をひらく。薬物をやることについて、若者たちにとって気にいらないことはあるだろうか？　私たちは、子どもたちのケア提供者ないし教育者として、自分たち自身が自己批判することや、自分もやりたくないことをさせられていると自信喪失していることを、若者にも見えるようにしているだろうか。自分の「二日酔い」について若者にしゃべるだろうか？　自分の子どもに、喫煙やカフェインの摂取といった社会的に許容されているアディクションの悪い面について正直だろうか？　このような会話は、私たちが若者に対して批判的になることなく、若者たち自身が、自己批判をするためのモデルとなる。

若者は私に言う。もしも大人たちが、薬物を問題の源泉だと理解するのでなく、むしろ薬物を使用することは若者にとって何かしらの機会をひらくものだと理解してくれたらありがたいのに、と。

上記で示してきた戦略がうまくいくかどうかは、ひとえに、若者が聞く耳をもつように私たちが話せるかどうかにかかっている。彼らは講義など求めてはいない。彼らが求めているのは思いやりであって、自分を愛しケアしてくれる人たちが、自分がどうしてそんなことをしているのか理解する力である。

それから、若者は、自分が他の若者とどれほど違うかたずねてほしいと思っている。薬をやっている子どもは、以下の点に誇りを抱いている。(a) 他の子どもよりも多くの薬をやれて、サバイバルによるすごい話ができること、(b) 薬をいつ、どれくらいやるのか、そしてどんな薬が彼らの生活の一部になるかを知っているから、誰よりも賢く薬をやれること、あるいは (c) 自分は薬物中毒の仲間集団の一員なのであって、アディクションではないこと（「マジで違うよ」と彼らは言い張る）。私たち大人は、子どもたちの、自分は他とは違うという点について笑うかもしれないし、よからぬことを企む妄想的な嗜癖者だと分析するかもしれない。ただし、それは

若者の自分自身に対する見方とは違う。彼らは自らを仲間とは区別する。彼らは手持ちの限られたリソースのなかで選択しているのだ。

サムにとっての代わり

　サムにとって，代わりとなる行動は，たくさんの冒険と健康的な人生コントロールをもたらさなければならない。私はサムに，おきまりの学校生活と，2，3人の親友，スポーツ，それに映画を観る程度の週末の夜間外出といった，善悪をわきまえた中産階級的ライフスタイルに戻るようにすすめるのをためらっていた。どう見てもこれは，つまらないものだ。このライフスタイルが，サムの両親や学校関係者を喜ばせることは自明だ。彼が薬をやめている今という短期間に限れば，サムの注意をそらすこともできるだろう。しかし，長期的にみれば問題だ。反対に私は，サムが自分自身のお金の使い方を学び，冒険をコントロールできるようになれば，薬から決別できるのではないかと思った。

　このような考え方は奇妙にみえるかもしれないが，サムのような若者たちがしばしば仕事を切望していることをご存知だろうか。ある若者は，週末にトラックの運転手をしている。彼は，配送センターの人々とのあいだにめばえた仲間意識のなかで，学校や家にいては手に入らない地位に自分がいることに気づいた。また，自分で稼いだ金によってもたらされる独立した生活と，仕事をもちながら薬はやれないという責任も手に入れた。

　もちろん，これは可能な解決の1つに過ぎない。レシピ本などないのだ。6つの戦略によって詳細が提供されれば，計画を立てることができる。計画は，サムのような特定の若者がうまくいくようにテイラーメイドされてこそ，成功する。結局，サムや家族，学校，そしてコミュニティが，彼に薬物をやることの代わりとして提供できるリソースと同じくらい，私たちは最初に，サムが薬をやる動機を十分に理解しなければならない。

ケイトにとっての代わり

　子どもにすべてを与えている両親が，自分たちは与え過ぎたのかもしれ

ないと気づくのは難しい。私はいつも、ケイトのような若者、つまり郊外の秩序だった世界以外のものをしつこく要求しているように見える若者に惹かれる。道路でランニングするような、よいご近所に囲まれた、よいご家族のもとに育った子どもが、性的なリスクに身をさらし、首尾よく薬物中毒への道に邁進しているとき、「こういった若者は私たちに助けをもとめているのだ」と考えずにはいられない。

ケイトはすべてをもっている。ただし、大人になるための通過儀礼、自分が性的な存在であるという認識、そして彼女のコミュニティの大人のための場所とは無縁だ。こういうものを探しているうちに、彼女は、もっともアクセスしやすいオルタナティヴ、すなわち明解な反逆スクリプトを彼女に作ってくれる仲間集団にたどりついたのだ。

むしろ私たちは、ケイトにもっと<u>上手な反抗方法</u>を提供するべきだ。私は、ケイトのような若者の両親と話すときにはしばしば、作戦を練っている自分に気づく。どのような戦いだったら、両親はよろこんで負けてくれるだろうか。どんな自由だったら、子どもに与えられるだろうか。私は両親に、これからのアプローチを、勝負に負けて戦争に勝つようなものと考えるようすすめている。また、私はご両親には若者のまわりに箱を作ることをすすめている。ここで箱というのは、とても大きなもので、中には制限や期待、必ず実行しなければならない他者への責任や、家族へのコミットメントが入っている。しかし、こういう箱は、それでもまた、若者がたくさんの反抗方法をみつけられるほど大きくなければならない。

他の危険な行動の代わり

たとえば、ある生徒が、高校は出たものの、大学進学を望んでいないとしよう。外国でのワークエクスチェンジのプログラムはどうだろう？ 立ちなおる途中の男の子が、もっと自立を感じたがっているとしたら、彼を校内ダンスの安全管理係にするのはどうだろう？ 家の地下室を改装して、女の子に自分の空間を持たせるのはどうだろう？ 彼女は、洗濯と自炊ばかりか、

家族の料理だってできる。そんなとき若者が，もっとヘルシーな食事，たとえば週1回はベジタリアン料理がよいなどと家族と議論しだすのには，驚いた。そういうことは，これまで何度もある。そして，それは，自分たち家族を隣人とは違うものにし，かつ事態を改善するものだったのである。

学校では，最も危険な状態にある若者が学校管理に参加する余地は，どのくらいあるのだろう。ここでの戦略は，大人の役割を放棄することではなく，その反対に，若者と彼らが必要としているものについて対話し，社会的に受け入れられる和解による解決，すなわち大人が制限を課すにあたって過大な寛容さをみせることなく，若者のニーズを満たす解決のモデルを示すことだ。

いうまでもなく，わたしたちの子どもによい代わりを提供することは，家や学校において，社会的に受け入れられるやり方で，これまでと異なったあり方でいることを練習する機会を提供することだ。たとえそれが，彼らの面倒をみる私たち大人をイライラさせ，舌打ちを誘うとしても。

こういう解決は，たいていの教育者や両親には単純すぎるようにみえるだろう。若者が，その無謀な人生をそんな簡単な代用品と引き換えにしたりするだろうか。ほとんどの若者が両親ともっと公平な関係を切望していると話すのを聴いても，驚くにはあたらない。彼らは，コミュニティの一部になりたがっている。また，彼らは教育も将来も望んではいるが，それらすべてにおいて自分たちと協議して欲しいと思っているし，自分たちにとって意味のあるやり方で与えてほしいと思っている。

彼らはリジリアントでありたいと思っているが，と同時に，それを起こすために自分自身の選んだ道を進みたいとも思っているのである。

リジリアンスのたくさんの表現

私のキャリアのどこかで，子どもが勝った。実にいまいましいことだが，いくつかの行動しか彼らにとっては意味がないことを自分に言い聞かせることになった。もちろん，サムもケイトも，薬物にはまったことは，悪い。

まったくもって悪い。薬物は，それをやるに値するよりも多くの問題を引き起こす。子どもには絶対に薬物をやってほしくないと私が思っていることが，しっかり伝わっていることを願う！　薬物を，若者が成長し人生に対処する正しい方法を学ぶことの代わりにしたくはないのだ。

いまだに私はこのような信念を持っているが，残念ながら，それは，カウンセリングや教育，子育ての場面ではそれほど有用ではない。

その代わり，私が今では（自分がこれまでかかわってきた若者の助けもあって）理解しているのは，多くの異なった要因の布置が若者をリスクから守っていることだ。たとえ私たちが若者の直面しているリスクを理解していないときでも，彼らは私たちに，自分たちが当惑していること，心配していること，あるいは私が予想さえしなかった気持ちを彼らに味わわせている状況にあることを教えてくれる。創造的な対処方法が現れるのが，こういうところである。若者たちは，人生のストレスを扱う際いつでも必ず美しい作戦行動に出るわけではないかもしれないが，それでも彼らは，成功への望みをもたらすパワフルなアイデンティティを探し続けている。

> リジリアンスの表現は，流暢ではなく洗練されてもいないかもしれない。しかし，非行少年が健康を形作る基本単位は往々にして，コミュニティで賞讃される方法で成功している若者のそれと同じである。ただし，問題を起こす若者を変えようとするときには，注意が必要である。極めて困難なときにはサポートを提供していたもともとの基盤が，うっかり破壊されかねないからである。

サバイバルへのたくさんの道

（世界中を）旅するなかで私は，逆境にもかかわらず，創造的な方法によって，はるかな高みにまでのぼった若者たちと出会ってきた。たとえば，パレスチナ難民キャンプにいたボーイスカウトの少年。彼は，私を歓迎してはいなかったが，息が続くかぎりの大声で挨拶を叫んだ。その挨拶には，この少年のコミュニティや国家を護る集団的約束が伴っていた。私の出身

地カナダでは，ナショナリズムはもっとひそかに表現されるものだけれども，パレスチナで出会った若者にとっては，ナショナリズムを叫ぶことは，自分たちが誰で，どんな将来への望みをもっているのかを主張するための重要な方法なのである。

　イスラエルでは，薮のなかでも，車に乗っているときでも，ビーチで遊んでいるときも，いついかなるときでも，自分たちを脅かしている危険に気づかないふりをして，平和を語る若者に出会った。爆破，テロ行為，そして戦争はとても身近なものだったが，それにもかかわらず，とにかく若者たちは自分たちの人生を前にすすめ，友人を作り，将来を夢見て，他者のために役立とうとしていた。

　コロンビアでは，ある10歳の少女が，街頭で，私にガムを1つ売ってくれた。彼女は働いて自分の家族を助けることに，誇りを感じていた。パキスタンでは，白熱電球製造工場で7歳の子どもが働いていた。トルコでは，思春期前の女の子が，絹製のラグをつるす仕事を進んでやっていて，自分たちが正規の織り手として雇ってもらえる日を心待ちにしていた。私は北米の自宅でその絹製のラグに座ってくつろぎながら，児童労働が必要でなくなる日を望んだけれど，子ども自身はそれによって自分の人生を成功に満ちたものとして経験しているかもしれないことは知っておくべきだ。

　シエラレオネとアメリカの都市部では，子どもも自分を守るために武器をとっていた。彼らは，若者の憎しみによって多くの得をする人々によって自分たちの敵と信じ込ませられているものにむかって，気が遠くなるほどの暴力行為を働くようにしむけられている。14歳までの子どもたちの多くは，戦争と暴力しか知らず，何年も大人と同じ生活を強要されている。支援組織か，さもなければ警察がやってきて少年兵や地区のギャングを武装解除させようとしても，こうしたよそ者が抵抗にあうことは驚くことではない。結局，こうした子どもたちが自分で思い通りにできないもので，私たちが提供すべきものは何なのか。権力？　それとも統制だろうか？所属感だろうか？　それともコミュニティにおける意味ある役割だろうか？

カナダ北方の先住民族の人々のなかで，私は11歳の少年と出会った。彼は，両親と故郷で暮らすために学校を怠学中であり，テレビやセントラルヒーティングといった近代的な便利さを捨てていた。ほとんど字が読めないとしても，自国の言語や文化に熱烈な誇りをもっている子どももいるのである。

> リスクと矛盾にみちた世界では，子どもは健康にむかう普通ではない道筋を作る。

慣習的な幸せ，非慣習的な幸せ

⇨ 子どもたちは，何であれ手に入るものを活用することで，健康を作り上げる基本単位を発見する。

⇨ 文化が異なれば，成功の定義も違う。

⇨ 教師やケア提供者が，若者をもっともうまく参加させるのは，健康を促進する努力が彼らの住む生活の文脈にあわせて仕立てられているときだ。

トラブルと真実

ある研究者チームと私は，世界中の子どもや若者が，先述のようなカオスにみちた状況で，どうやって健康を発見するのか理解しようとしていた。子どもが絶望とともに生きる生活から抜けだすのは，一体どのようなときだろう。豊かな西洋諸国の中流階級の子どもであっても，この絶望を前にすれば脆弱になる。子どもは，自分たちの存在が，固有名をもたない商品とされていくことを，私たちが消費主義と呼ぶ機械の一部だと感じている。ピンク・フロイドの耳に残るリフレインは，20年前にもそうだったように，現在においても真実である。私たち全員が「壁のなかの煉瓦1つに過ぎない（just another brick in the wall）」と考えられているのだ。反抗するものは，

教師や，両親，およびコミュニティの人とのトラブルに巻きこまれるだろう。なぜなら彼らは，若者の真実にむかう主張は，ナイーブで無邪気なものに過ぎず，（そういう主張をすることは）若者には将来高くつくことになるだろうと言って退ける人たちだからである。

私たちは，子どもたちが言うことを，早々に却下すべきではない。

若者が世界でサバイバルするための特質は，書きだせば長いリストになってしまうくらいある。パンダやカメレオン，ヒョウたちはみな，このような個人的，対人関係的な要因，そしてコミュニティや文化的な要因の組みあわせが，自分たちに人生をまっとうさせるのだと言う。しかし，こういう特質のどれをとっても，それを表現する方法が1つだけのものはない。パワフルなアイデンティティをまもる3つの戦略はすべて，程度の差はあれ，若者の健康に必要なものへ安全にアクセスできるよう作用している。

たとえば，私たちは若者に「学校にとどまれ」と言うが，学校とはどんなものだろう。何時間あるのだろう。それは北米で多くの若者が経験しているフルタイムのルーチンだろうか。それとも，インドの児童労働者に対してとられている目新しいやり方，つまり，子どもは半日学校に出席し，残りは家族やコミュニティのために「貢献」するというものだろうか。教育を受けることと，自分のコミュニティに貢献すること，健康な若者とむすびつけられるこれらの2つの特質は，多くの異なった方法で表現されるのである。

同様に，そして最も悲しむべきことに，若者のコントロール感覚は，薬物やアルコールに対してノーと言うのと同様，強盗によっても得られるということを，若者たちは私たちに示している。

親密で支持的な関係は，教師や両親や他のケア提供者に対してと同様，ギャングのメンバーのなかでも性的関係のなかでもみつけることができる。

政治参加とは，ある人にとっては生徒会に票をあつめることであり，地域の新聞の記者をつとめることである。また別の人にとってその達成は，南アメリカの準軍事的な集団に参加することであり，身近なところでは，西洋諸国に北米先住民族との条約をまもらせるようにしたカナダの先住民

族の戦士社会の一員になることである。

いくつかの選択は，他よりは良い

その通り。いくつかの選択肢は，他よりはよい。もっともかたくなに武装している人々や，児童労働者として働いている子どもたちでさえ，今こうしているように自らを表現する必要のない世界に住めればよいのにと主張する。しかし，私たちはそういう理想的世界からは，はるかに遠いところにいる。往々にして，私たちの住む世界でパワフルなアイデンティティのために残されている選択肢は，ほとんどない。

デリック・ジェンセン（Jensen, 2002）は「見せかける文化」という言い方で，私たちの，選択という妄想について描いている。彼によれば，それは目の前に立ちふさがる真の問題をうまいこと取り繕っている。つまり，憎しみや搾取など，私たちがお互いを扱ったり自分をとりまいている環境を扱う方法こそが真の問題なのである。彼の著作を読むのはこたえる。なぜなら，悪事をはたらく人に向ける憎しみの向こう側で，人が権力という名のもとに，どのように，何をしているのかを私たちに理解させようとするからだ。盲目で無関心な人々が，私たちがルールに沿ってやる「はず」のことをやるときに，お互いにもっているものについて彼は語っている。それは説得力のある議論だ。すなわち，私たちが奴隷商人や，タバコ会社の CEO，あるいは化粧品を作るために動物を苦しめている人たちの行為にゾッとする，まさにそのとき，その手の人々が個人的に悪を目指していると考えるのは，的外れだということだ。みんなと同じように彼らもまた，自分自身について語ることのできる何かパワフルなものを探しているだけなのである。

ジェンセンは 2002 年の著作で，進化していく考え方を示しつつ，こうした問題と格闘している。「憎しみに関することではないのか？」と驚きの声をあげて自問し，「違う」と自ら否定する。「これはすべて『権力』に関して起こることなのだ」（p.82）。

「いじめ」の新しい見方

> 子どもたち自身が社会的コンピテンスをどう見ているのかを問うべきときかもしれない。それが介入においてはより実用的なのだから……。［子どもたちにとっては］いじめることの方が，「弱虫」でいるよりも社会的に有能だと見なされることがある。
> ——ジョン・サットン

遊び場で，そして校内で，パンダ，カメレオン，ヒョウは共に生活している。彼らは全体で興味深い人間模様を織りなしている。それには良いものもあれば，悪いものもあり，私たち大人のような部外者にはとにかくわかりにくいものもある。しかし，ある若者の行動がどんなに厄介であっても，それを，その若者のリジリアンスを育てる手段だと理解することが重要である。暴力，ドラッグ，服装の乱れ，学校での無作法まで，私たちに複雑な難題を提示してくる検討課題は数多くある。本章で，私はそのうちのただ1つを取り上げることにしよう。それがいじめである。いじめることやいじめられることが，パンダ，カメレオン，そしてヒョウにとって何を意味するかを詳細に観察することで，この問題だけでなく，他の多くの問題を理解するためのひな形を探求したい。とりわけ，いじめっ子やいじめ行動について私たちが考えることに目を向けてみると，非常に傷つきやすく問題を抱える若者たちが健康を探求する戦略を批判的に評価し，よりよく理解するのに役立つ。

　遊び場で見えることがすべてではない。

すでにわかっていることだが，たとえば，いじめという破壊的行動は，いじめを可能にする環境という文脈の中で生じる。いじめっ子が力を発揮する機会を取り除くのなら，私たちは，若者の生活環境を，より監視の行き届いたものに変えなければならないと知っている（Olweus, 1993）。しかしながら，パンダ的いじめっ子は，そう簡単に思いとどまったりしない。暴力に代わって要求を満たしてくれ，成功した人生の脚本を書くための，暴力と同等にパワフルな方法を与えてくれるオルタナティヴを提供することにより，いじめっ子が，いじめでない方法で対処できるよう援助することが重要なのだ。

コーピングとしてのいじめ——ジェイク

ジェイクは，学校で暴力行為を働き過去1年で何度も謹慎処分を受けた13歳の少年である。私とジェイクとの会話は，いじめを行う若者との仕事において私が有益だと発見したことを数多く示している。以下の会話の流れは，前章で論じた6つの戦略を反映している。

ジェイクを理解するためには，まず母親のパメラを知らなければならない。彼女には注目すべき話がある。15歳の頃には路上暮らしをしていた彼女は，重度の薬物依存で，そのコミュニティの少年の一団に繰り返し性的虐待を受けていた。彼女は家出少女だったのだ。その後の数年で何度か出産し，生まれた子のうち彼女の元に残ったのはたった1人，それがジェイクである。パメラの人生は，息子への献身を除けば絶望の歴史だ。彼女は自分のあやまちを息子には繰り返してほしくないと願い，援助を求めることにしたのだった。

しかしなお，パメラとジェイクが抱える問題は大きい。警察との厄介事やパメラの暴力的なボーイフレンドから逃れるため，あるいはパメラの慢性的な失業状態の解消を求めて，2人は転々とした。引っ越しのたびにジェイクは転校し，友達が変わることになった。さらに悪いことに，ジェイクは就学前の3年間隣人から性的虐待を受けており，その人物は後に複数の

幼児虐待で収監されている。ジェイクは，学校では喧嘩っ早い子になって誰にもいじめさせないか，自分の殻に閉じこもるかのどちらかですべてに対処してきた。ときにはコンピューターゲームが彼の最高の遊び相手だ。

しかしながら，この家族とジェイクの話はこれですべてではない。パメラとジェイクとの会話を通じて，私は，ジェイクのような子どもがサバイブし，スライブするために用いなければならない，危険で，非行的で，逸脱した，そして障害を抱えているとさえ見なされる行動に姿を変えたリジリアンスを見るようになった。

数々のことが話題になりえたが，ジェイクとパメラは，ジェイクが学校でもっとうまくやっていけるようになり，他の子どもたちに対して攻撃的な行動をとるのをやめるように手伝うところからスタートすることを了解した。彼はこのことですでに進級に失敗したことがあり，これ以上留年したくなかった。

以下は，私たち3人での，2回目の合同ミーティングの会話記録である。ジェイクは新しい学校へ移ってから以前よりうまくやっていた。引っ越し前の3カ月間に4回謹慎処分を受けたことと比較して，転校してから6週間というもの，彼は一度も処分を受けていなかったのだから。しかし，パメラもジェイクも，暴力を働いては謹慎処分を受けるというパターンがまた始まりはしないかと心配している。

 マイケル（M） パメラ，君なら私の理解を助けてくれるね。一番最近の引っ越しをしたとき，その動機はなんだったのかな？

 パメラ（P） ここに戻ったことの？　ジェイクを正しい方向へ進ませるためよ。彼が幼い頃に，私はいろいろな悪い人間関係を持って，悪い選択をしてきたの。私たちはあちこちを転々としたわ。彼はこれまでに10箇所か12箇所で暮らしたわね。以前通ったことのある学校へ戻ることもあったけど，たいていは新しい所よ。私の母と父は本当に力になってくれるの。きっと私が恋人を捕まえる必要があるときにはジェイクを呼んで預かってくれるでしょうね。

M （ジェイクとパメラの方を見て）彼らとずっと連絡を取り続けていたんですか？　ご両親と。転々としているあいだもずっと？
P 両親は彼にとって岩のような存在ね。私は居場所に困ったら結局母の世話になることが多いわ。

　他の多くの会話と同様，私はジェイクの人生を文脈の中で理解するためにこの会話を使いたい。パメラが過去に両親との葛藤を経験したからといって，その同じ両親，今では祖父母になっている両親がジェイクにとって岩のように堅いサポートにならないとは限らない。親にとっての真実を聴くことは，若者の真実を聴くことと同じで，予想外のことを聴く機会に開かれることを意味する。

M さて，ジェイク，今戻ってきてみて何が違うかな？
ジェイク（J）　前の学校では，先生たちはただ責めるだけか助けてくれないかのどっちかだったよ。間違ったことをやったり，理解できなかったり，できないことがあったりしたら，お説教があるんだ。20分のお説教が。
P 先生たちは全然助けになってくれなかったわね。彼は昔から考えを紙に書き留めるのが苦手だったの。
M このことは君にとってイライラすることだったかな，ジェイク？
J 別に。しばらくしたらあきらめちゃったよ。
M あきらめちゃった？
J うん，あきらめちゃった。もうやりたくなかったから。そんな感じ。たとえば僕のロッカーをどうにかしなきゃいけないのに鍵がかからなかったら，そのまま立ち去るとかね。
M なるほど。ということは，物事を遠ざける，立ち去る，さらに問題から逃げる，それからおじいちゃんやおばあちゃん，つまり君のお母さんのご両親のところへ戻る，というパターンがあるわけだ。
P 適切な方法ではないかもしれないけど，そうする以外どうすれ

ばいいかわからなかったのよ。
M 私もそれが適切かどうかはわからない。それについて何か意見を持っているわけではないんだ。でも、それが君たちを進ませてきたもののようだね。面白いと思うよ。

　物事を遠ざけるというジェイクのパターンを，障害のサインとして見るのは容易だっただろう。彼の持つ資源を考えれば，これは彼が選択した最善の対処法なのだと理解するほうがはるかに良い，と私は結論づける（戦略1 はジェイクにとっての真実を聴くことを思い出させてくれる）。その行動に悪い（あるいは良い）とラベルを貼らないようにすることで，私は過去にパメラとジェイクを助けようとした多くの人たちが経験した抵抗を回避している。もちろん，何がこのパターンを機能させているのかについて，私はほとんど知らない。私の次なる役割は，ジェイクのすることと，それが彼に有利に働くかどうかを2人が批判的に見るのを手伝うこと（戦略2 ）だった。私は，ジェイクには他のコーピング戦略があるかどうかも気になった。

P 話はそれだけじゃないの。彼はまったく手に負えなくなることだってあるのよ。もっと幼い頃にはそうだった。まだほんの小さな子どもだった頃に，身を引いて構えてから私を思い切り殴ったりもしたんだから。
M 何が変わったんでしょう？
J 僕は喧嘩するよりも部屋に閉じこもるんだ。
P 彼が8歳の頃には，元夫のカーティスもお手上げになったのよ。カーティスは165キロもある大男だったのに。こんなに小さな子がこんなに強いってことに彼は圧倒されてしまったわ。それに，カーティスが押しやってジェイクが床に倒れても，ジェイクは立ち上がってまたぶつかっていったものだから，彼はものすごく驚いていたわね。
M ということは，事態は変わったんですね。

P 何が変わったのかわからないわ。彼はADHDのためにリタリンを服用していたの。今はデキセドリンよ。リタリンは過剰摂取だったわね。だって朝食のシリアルの中に虫が見えていたから。今は，学校がある日にだけ，10ミリグラム飲んでいるわ。飲むとすぐ落ち着くのよ。でも，彼はとても荒っぽい素質を持っていると私にはわかるの。彼は自分を守るでしょう。私にはわかるわ。もし誰かが学校でジェイクをいじめたりしたら，彼は自分を守るでしょうね。

J ここでは喧嘩する必要ないよ。ましな学校だもん。先生たちがましだよ。

　私にはここでパターンが見え始めている。ジェイクのいじめ行為は彼の誇りでもあり（幼い子どもの頃，彼がどんなに強く誇りを感じていたことか！），自分を守る手段でもあった。彼の母親，つまり彼を見てきた人々のうちもっとも重要な人物でさえも，攻撃されれば自分を守るという彼の能力を称賛している。ジェイクとパメラがそれぞれのストーリーを語るにつれ，私は，ジェイクが安全だと感じる機会が与えられさえすれば，彼は容易に適応し，いじめをやめることをはっきりと理解する。その過程で，私はサバイブとスライブについての彼のバージョンの真実を尊重する（戦略1）。また私は，彼が変化に対してこころを開いていることを理解するようにもなるが，彼が変化するのは，彼が自分自身について他に言える重要なことがある，自分自身への新しい見方ができる機会がある，と感じられる環境においてのみだろうと思う（戦略3）。彼には，新しいコミュニティの友人たちの中で，私たちに見せられる，別の，異なるアイデンティティがあるだろうか。

M お説教は減ったのかな？

J うん。前の学校では，ジョークを言うのもだめだったんだ。もし言ったら職員室送りだよ。

M 君はジョークを言うのが好きなのかな？

J　ううん。
M　他の子のジョークで笑うのは好き？
J　うん。
M　友達は多いの？
J　ううん。
M　ここでは変わると思う？
J　そうだね。
M　君は以前，新しい友達を作るのがとても得意だと言ったね。そうだったかな？　友達を作った経験があるの？
J　まぁね。
M　何度も引っ越しをして，学校も友達も家も転々とするというのが私にはピンとこないんだよ。どうすればいいんだろう。私は君みたいな専門家にはなれないからね。
J　うーん，僕はただ友達が僕に近寄ってくるようにするんだ。
M　他の子どもたちは君を見たらどう思うんだろう？
J　背が高いと思うだろうね。それから，弱いと思うこともあるかもしれないけど，僕をいじめようとしたことは一度もないよ。いじめようとしてきたらやり返して，僕が弱くないことを見せるんだ。
M　君がやり返したら，他にどんなことが起こるのかな？
J　謹慎処分を受ける。頭を殴ったってことで。でも彼らはもういじめなくなる。僕は何日か謹慎になるけど，彼らは二度と僕をいじめてこないよ。
M　君はいじめる側になったことがあるかい？
J　ううん。
M　他の子がいじめられているのを見たことは？
J　あるよ。
M　その時にはどうするんだい？　彼らを守ったことはある？
J　ないよ。だけどブリッジウォーターみたいな所では，いじめら

れていた子がたくさんいた。町の子たちと，バス通学の海岸の子たちがいて，僕は町の子だったんだ。
M　みんなは君のことをいいファイターだとか，町のために戦う子というふうに思っていたのかな？
J　そうだね。僕は引き下がらないから。

　上述の会話で，私はジェイクのコーピングのさまざまな側面を探索している。私からの質問は，彼の行動がどのように変化し，他者が彼をどのように見ているかを理解することと，彼の信じることが，彼を安全に守り，自信を保っているということを批判的に見ること（戦略2）を目的としている。これを達成するため，私は彼にいじめの別の側面についてたずねる。彼は，自分と同じように感じている他の子どもたちを守ることがあるだろうか？　ない，と彼は言う。彼を非難し，物事の善悪を講義するよりも，私の質問は，彼が善悪を理解し，他者が彼をどう扱うかに彼自身がどう影響しているのかを理解するように世界を探索する。私は，なぜこのパターンが彼にとってはこんなにも機能するのかということに心から興味があることが，彼に伝わるよう言葉を選ぶ。私は彼の行いを称賛はしないが，彼の行いをよりよく理解できるようになっている。私からの質問は，彼が聞くことのできる方法でなされ（戦略4），会話の持続に役立つ。彼の行いをよりよく理解できる，そう私が結論づければ，ジェイクにも，彼が傷つけている子どもたちにも有効な代案となる行為の発見も近い，ということだ。

M　なるほど，それは面白い。君は引き下がらない，そして誰にも君をいじめさせない。
J　そう。
M　先生に対してそうだったね。大人に対してもそうだ。継父にもね，君とカーティスの話のように。
J　そうだね。
M　やり返すことについては話せば長くなる，ということだね。

J　そういうこと。

M　とても面白い話だと思うよ。だって，一方で君には物事を遠ざけるっていう話もあるから。たとえば激しい感情を感じたときとか，君のロッカーの鍵がうまくかからないときとか。君はただ問題から立ち去るんだ。一方君の人生の別の部分で，君はやり返す。だけどやり返すことが君をトラブルに巻き込むこともある。たとえば謹慎だ。

J　そう。

　ジェイクには2つの異なるコーピング戦略がある。少なくともジェイクから見れば，どちらもよく機能している。それを彼に伝え返すことで，私は，実際にジェイクが私が見ているのと同じように世界を経験しているのかを解明しようとする。私は彼に再びこう言っている。「私は君の真実を聞くよ」彼は私に同意した。これは，私にはこれからやれることがある，という意味である。結局，ジェイクはありふれたいじめっ子ではないのだ。彼は他の誰とも違う人であろうとしている1人の若者である。 戦略5 にあたるこの差異の探求が，私たちの仕事を前進させる上で重要なのだ。

M　やり返すと何か良いことがあるのかな？　誰かが君をほめてくれることがあるかい？

K　うん……僕がね！

M　君が？　そうか，君は自分で自分をけしかけているんだ。いけいけ，って。

J　そう，5年生のときなんて，僕は校長とトラブルになったんだ。それで僕は彼女の音楽の授業に出なきゃならなくなった。彼女はそこにいた2年生の子たちの目の前で僕をからかったんだ。だから僕は彼女を怒鳴りつけた。それで謹慎になった。クリスマス前に4回謹慎になったよ。

M　私の基準ではそれはたくさんだと思うけど，君はそれを問題とは言わないようだね。

J　僕にとってはね。

M それじゃぁ，やり返すことについて，何か良いことはあるかな？

J あるよ。そうしたら誰も僕をいじめなくなるからね。謹慎処分を受けると助かるよ。だって僕がやり返すってことが他の子たちにわかるからね。

M でも君のお母さんにとっては，それは問題ということだよね？

J そうだね。

M それは面白い。だって，学校で君はやり返すアプローチを使っている。そうして私生活では，立ち去るとか，手を引くアプローチを使っているんだ。この違いに君は満足しているのかな？

J うん。

M お母さんが，君が学校で攻撃ややり返しの戦略を使うことを心配しているのがなぜか，そもそも君は理解してるのかい？

J 全然。

ジェイクのような十代の若者との会話で，返事が一言で終わってしまうのはよくあることだ。私がジェイクに母親の心配を理解しているかどうかたずねたとき，彼が「全然」と答えても驚くにはあたらない。私がこの2つのコーピング戦略に見えるものを要約したときには，彼はもっと私にかかわりたがった。母親に関する私の質問は，結局のところ的外れだったのだ。ジェイクにしてみれば，私たち大人が，彼の行動がなぜ彼には有効だったのかを理解することの方が重要だった。このことは，この若者が母親の心配を知っており，それを何度も聞かされたことがあることを雄弁に語っているのではないか，と私は強く疑う。私の質問は，大人としての有利な立場から投げかけられたもので，この通り非難されてしかるべきだった。私は路線変更した。

M 2つのパターンの話は面白かったよ。ただ，学校で，君はやり返すんだけど謹慎処分は受けない方法があるとしたら，その話を聞いてみたいと思うかな？

J 別に。

M 別に？ 別にってどういうことか私にもわかるように助けてくれるかい？ 私の世界では，謹慎処分はたいてい悪いことと考えられているんだ。

J そうだなぁ，やり返したことで謹慎処分になったとしたら，それはもういじめられることがない，ってことになると思う。

M あぁ，それならわかるよ。メモさせてもらうよ。[メモする]「もし僕がやり返して謹慎処分を受ければ，僕はいじめられない」ということは，唯一の結果は，君のお母さんの心配かな？

J それと外出禁止になること。

M オーケー。ということは，悪いことはたった2つで，君が外出禁止になることと，お母さんの心配だね。だけど，良いこともたくさんある。仮に180度転換して家で物事を遠ざけることについて話すとしたら，それには何か悪い結果があるかな？

J 全く思い当たらないよ。

ジェイクの真実

　前述の対話の中で，ジェイクは，彼にとってのいじめることの意味は私にとっての意味と大きく異なることを教えてくれる。このパンダは，この攻撃のパターンに執着することで，人生の度重なる崩壊という大きくうねる海を航海してこられたのだ。しかし，ジェイクは笹しか食べないパンダではない。彼は対処のために2つの行動パターンを用いている。彼は，問題を無視し，激しい感情を感じることから立ち去りもした。ジェイクの行動に，「うつ」と「素行障害」あるいは「解離」さえも容易に読み取れるのかもしれないが，これらの診断では彼の解決がいかに適応的だったかを見落とすことになる。

　ジェイクとその母親との仕事で，2つの戦略の良い点悪い点を考え，ジェイクと共に変化の機会を探索し，私の言葉が，私の思う彼の人生の正しい扱い方を一方的に押しつけることになっていないかを確かめると，ジェイ

クは私たちの会話に驚くほど興味を持つようになった。さらに良いことに，彼は私に自分がいかに他の同級生たちと違っているかを示すことができた。彼が自分自身をどれほどいじめっ子的ではないと思っていることか。彼はジョークを言わない。彼は独り立ちしている。彼は弱虫ではない。彼は他者に忠実だ。アイデンティティの選択として悪くはない，そうだろう？

ジェイクの代案

　言うまでもなく，有効な代案，つまりジェイクが，以前のコミュニティで母親をさんざん心配させた暴力による謹慎処分のパターンを繰り返すのを止めるような代案を見つけるのは，もう少し困難だった。しかし，ジェイクは，彼の人生について事細かに話し，私が代案を見つけるのに必要な手がかりをくれた。

　ジェイクとの会話によって彼についてわかったことが4つある。

- ▶ ジェイクは進級したいと考えており，二度と留年したくない。すなわち彼は真剣に学習に取り組む。
- ▶ ジェイクは，強く，からかわれたら黙っていない人間だと他の子から見られていたい。すなわち彼は組織立ったスポーツや，ウェイトトレーニング，あるいは武術への参加を受け入れるかもしれない。これらはすべて身体能力をつけながら規律を教えてくれる。
- ▶ ジェイクは問題からいかに立ち去るかを知っているが，その戦略を彼の感情に対処するか，自分自身を愚かで忘れっぽいと思うことから逃れるためだけに使う傾向がある。ジェイクは彼の「立ち去る」戦略を彼に脅しをかける人物に直面したときにも用いることを検討するかもしれない。
- ▶ ジェイクは，もしそれが自分にとって重要なのであれば，粘り強く目標を達成することに誇りを持っている。たとえ，自己防衛できることと，決して引き下がらないことを他者に示すためだけだったとしても。

ジェイクの適応

　ジェイクについて以上のことを知り，私たちは，彼が学業を続け，これ以上謹慎処分を受けることなく進級できると先生や母親に示すことを決断するのを援助した。ジェイクは，立ち去るアプローチを脅かされたと感じるときに使い，気持ちが傷ついたときに攻撃し返すアプローチをとるようになってきた。出だしは上々で，パメラも拍手を送っていた。ジェイクの最高の味方として，彼女の愛と献身はジェイクがこうした変化を続けるのを後押しした。今ではジェイクは，自分が他の子どもたちに通用することを見せたいと感じるときには，むきになるのではなく，彼が聞くべきこと，つまり，「相手にしないで進級した方がいい。負け犬は放っておこう！」と言ってくれる大人たちや幼なじみに認めてもらおうとする。

　母親との間では，様子はやや異なる。カウンセリング・セッションという穏やかな形式の中で，ジェイクは，社会的に受容される方法で「攻撃し返す」ために自分の声を使い始めた。彼は自分の人生について母親に話し始めたのだ。中でも虐待とそれが彼にとって何を意味してきたかについて。パメラがこころを開き，息子のことでの彼女自身の苦しみを打ち明けると，ジェイクは話をしやすくなった。

いじめっ子と3つのアイデンティティ

いじめっ子のパンダ

　いじめというのは子どもたちが集団で行う類の行動に過ぎないと私たちが考えだしてから間もない。いじめは虐待的で，見つけたら止めなければならないと知っているが，いじめ産業はいじめを社会問題化してしまった。あるレベルで見ればこれは良いことだ。多くの子どもたちは恥を忍んで被害者になる必要がないことを意味している。しかしいじめ産業は，つき従うべき脚本を探している子どもたちのために，悪くてしかもパワフルでい

られる，簡単に手が届く方法をもう 1 つ作ってしまったことにもなる。

　学校でのいじめ予防を目指すはずのプログラムが，実際は若者のあいだにいじめに賛成する態度を生むという意図せぬ結果を招いてしまうのはおそらくこのためだろう。現在，カナダのレイラ・ラヘイとウェンディ・クレイグ（Rahey and Craig, 2002）や，フィンランドのクリスティナ・サルミバリ（Salmivalli, 2001）のような，短期の反いじめキャンペーンに関する研究が複数あるが，それらは，こうした予防プログラムに参加していじめについて学んだ<u>後の方が</u>，生徒たちは自分もいじめをするかもしれないと思うことを示しているのだ！

　パンダの視点によれば，これは完全につじつまのあう話だ。予防プログラムの中には，うかつにも生徒たちが実行するためにあるようなパワフルな脚本を提供するものもある。私たち大人は教室へ行き，彼らにこう言う。「君たちがこうしたら見つかりますよ」と。事実，私たちは彼らがすべきことを事細かに述べている。さらに，いじめっ子というのはしばしば受けてきた虐待や自らの孤立を埋め合わせようとしている子どもたちだと説明する。そんなつもりはないが，私たちは，傷つきやすい子どもたちに，被害者とは違う新しいアイデンティティを演じる完璧な方法を手渡しているのだ。

　いじめっ子はいじめっ子のしたいようにする。なぜならそれはいじめっ子がサバイブするのに役立つからだ。いじめっ子がいじめっ子でいることの何を好んでいるかを私たちが理解すれば，いじめっ子が社会的に望ましい方法でいじめっ子的でいられる他の方法を見つけやすくなる。

傍観者のカメレオン

　カメレオンは，傍観者でいるか，いじめっ子の手下という傍観者ほど受動的ではない役割を果たす。彼らはいじめっ子のパワーを使わせてもらうことはあっても，自らいじめっ子になるほど入れ込んだりしない。入れ込むわけがないのだ。彼らの強みはグループのあいだを渡り歩けることにあ

る。彼らはいじめっ子の陰で休んでいるのが心地よいのだ。それ以上のことをすれば，謹慎，怒る親，学校関係者との長々とした会話，そして諸々の結果彼らのことを低く評価すると思われるカウンセラーへの紹介など，いじめっ子であることのネガティヴな側面がついてくることになる。

そんなことになるよりも，とカメレオンは道理を見いだす。漂い，ときどきいじめっ子のパワーを拝借し，問題が他者を打ちのめす恐れがあるときにはより安全な場所に引き下がっている方がよっぽど良い。

いじめっ子であり擁護者のヒョウ

ヒョウは，いじめっ子にどう立ち向かえばよいかを知った子どもとして，改心したいじめっ子になりやすい。彼らの年齢もあるだろうが，私はときどき，他の子どもたちの保護者の役割を引き受けてきたより年長の若者に会う。こうした擁護者たちは，ギャングのリーダーや，自分は自分のあり方でいればいいのだという結論に達して非行仲間のグループを去った子どもたちかもしれない。いずれの場合も，彼らは非行少年，あるいはいじめっ子という単一の役割にしがみつく必要がないのだ。彼らは自分自身について，よりポジティヴなことが言える。彼らがこのポジティヴな発言をする方法の1つが，彼らよりも傷つきやすい子どもたちの盾となることだ。

人と違う，あるいは精神的身体的に障害のある若者のためにすぐ立ち上がるのが彼らだ。実際に他者を擁護する役割においてもっとも情熱的なのは，私たちがその役割を最も期待していない若者たちであることがいかに多いかということに私は驚く。

私たち大人には奇妙に思えるのは，ヒョウがどうやって自分たちのテリトリーを拡大するかである。ヒョウは，人が自分たちをどう見るか，そして脇へ押しのけられ，ヒョウの監視下に入った他の若者をどう見るかについては，彼らと交渉があってしかるべきだと公言する。

このことは親と学校関係者を困惑させてやまないが，若者と臨床現場で働いている者にとっては驚くに値しない。ジョン・サットンと彼の同僚たちは，私たちにこう警告した。「いじめっ子には実際にパワーを持つ者がお

り，しかも（ある環境において）自分に有利に働くようそのパワーを悪用していることを認識しなければならない。……彼らは自分自身の行動を，能力がないとか不適応だとは思わないだろうし，たいていは能力がないわけでも不適応でもないという証拠もある。しかしながら，彼らのいじめ行動は社会的に望ましくない」(Sutton, Smith, & Swettenham, 1999)

その点に難しさがある。どうすれば私たちは，さまざまに活用できるスキルを持つ者としていじめっ子を見ることができるだろう。しかしながら，他者を害するいじめっ子から擁護するいじめっ子へと若者が変わるのを援助する扉を開くのはこの見方である。いじめ研究の父ダン・オルヴェウス（Olweus, 1993）も，こうした若者たちの自尊心がしばしば高いことを見出している。彼らにもっとポジティヴな方法で自分らしくいられる機会を提供することが，彼らの教育者であり援助提供者としての私たちの技である。

いじめっ子とコーピング

⇨ いじめは文脈の中で発生する。いじめっ子は，いじめの機会をサバイバルの戦略として利用する。

⇨ いじめ行動は，いじめっ子自身のイメージを，パワフルで，尊敬され，主導権を握るものとして構築するのに成功する。

⇨ いじめっ子は，同等にパワフルな成功の機会が得られ，それが現実的に達成可能であれば変化する。

適応の機会を提供する

若者はパンダであり，カメレオンであり，ヒョウであると理解すること，——言ってしまえば，シカでもリカオンでもアンテロープでも，若者自身が承認するアイデンティティ描写を理解するのならなんであってもよいのだが——それは，私たちの若者との関係を，若者をコントロールする関係から，適応のための機会をひらく関係へと変えてくれる。

6 「いじめ」の新しい見方

　私たちは，若者にある方法で，あるいは別の方法で行動するのを<u>やめさせる</u>ことに過大な努力を払い過ぎている。若者を学校に留まらせる，禁欲を維持させる，ドラッグに「ノー」と言わせる，親の言うように行動させる，そして合わせるべきところに合わせさせるという強引な努力は，無効であればまだよいほうで，しばしば有害である。そんな努力は，ますます自己破壊的行動をとる以外にどうしようもない，どんづまりの抵抗パターンに彼らを追いつめるだろう。<u>私は，自分は強いと感じさせてくれると若者が言うものをあまりやらないようにしようと言うよりも，彼らを見ていて私がこれと思うことをもっとやってみてはどうだろうと言うほうを選ぶ</u>。

いじめっ子のための代案

　第1章で紹介したジェフリーのようないじめっ子とのやりとりを例にとってみよう。私たちが彼らの行動とその理由を認めるとき，いじめっ子を変化させる可能性が高まる。彼らの対処の仕方に多少でも良い点を認めるとき（こうすることが議論を招くことはよくよくわかっているのだが），私たちはより破壊的でないオルタナティヴを提供することができる。しかしこのオルタナティヴは，彼らが危険で，非行的で，逸脱し，障害的な若者を演じるときに，自分が重要な何者かであると感じさせるものでなければならない。

　私の経験では，いじめっ子，と彼らを呼ぶならば，大多数のいじめっ子が自分自身をパンダであると表現する。彼らが自分の行動を説明するのを聴くと，いじめっ子でいることには，悪いことと同じくらい多くの良いことがある。これらは，自分はリジリアントだという自己定義を支持する若者自身の複雑なストーリーなのだ。こころを開きじっくりと時間をかけて耳を傾けていると，いじめを受けた子どもたちが他者を犠牲にすることを学ぶと知る。自分が何者か，あるいは何を示さなければならないかについての感覚が乏しい若者が，いじめ行動を通じてあきらかによりパワフルな自己定義を見出すと知る。ほとんどリスクもなければ通過儀礼もなく，自

133

分を他者に仰々しく誇示したいという若者のニードが注目されることなどなおさらない，安全な周辺地区という去勢された不毛の地で生きる人生を知る。こうした文脈においてもまた，巨大企業が若者に求める野暮な消費者とは違う何者かになろうとする若者にとって，いじめという行為は理にかなっているのだ。

不思議なことに，恵まれた子どもたちもまたいじめるということを私たちはしばしば忘れてしまう。彼らはあからさまな消費主義で他者を脅かし，「人は何を買えるかである」という誤った考えに執着することによって他者を手中に収める。

> **豊**かであろうと貧しかろうと，若者は平凡の引力に逆らう。彼らは行き過ぎることによる刺激を求めている。他者が割り当ててくる期待にすっぽりと収まるのは嫌なのだ。それを余儀なくさせられたとき，若者は怒る権利のある特別な地位を得たと感じて怒ることになる。いじめっ子に自分の行動が他者にもたらす影響を見えなくさせるのは，この権利付与なのだ。

いじめっ子のさまざまな顔

いじめについて記述することで，彼らを単純に被害者，加害者，あるいはその両方を併せ持つもののいずれかと理解することから自分を引き離してくれる。私が出会ういじめっ子はむしろ，彼らの人生となってしまった不運なドラマに家族や学校やコミュニティを巻き込む。パンダ，カメレオン，ヒョウは皆，自分自身をパワフルだと感じられる機会を見逃すまいとしているのだ。

問題は，学校だけで取り組むのはまったく不適切だということだ。学校でいじめっ子が見つけるパワフルなアイデンティティは，彼らがある関係から別の関係へと持ち運ぶものである。私たちは，私たちの教室のジェフリーたちをコントロールできたとしても，私たちが彼らに捨てるよう求めているアイデンティティにまったく引けを取らないパワフルな他のアイデ

ンティティを彼らが見つけないかぎり，私たちが彼らを変えることはない。

　幸運なことに，若者は関係性という土台に埋め込まれており，あらゆるコミュニティに存在するポジティヴなつながりという膨大な縦糸とそこに織り込まれたネガティヴな注目の模様が，自分らしくいる新しい方法を開発する果てしない可能性を若者に与えてくれる。私がこうした若者から学んだことがあるとすれば，それは楽観的でいることだ。

被害者のための代案

　このパズルのもう1つのピースは，言うまでもなく被害者，つまりいじめを受けている子どもたちである。私たちには，彼らの安全を維持し，被害者ではないあり方で彼らが活躍できる環境を創造する責任がある。私が思うに，私たちが最も役立つことができるのは，パンダがピア・グループ間を上手に渡り歩くのを援助するときである。パンダの若者は，自分には価値がないというアイデンティティに縛られているためだ。いじめを受ける子どもたちが複数のアイデンティティを獲得できると，いじめっ子の標的になることははるかに少なくなる。カメレオンを演じることがもっとも簡単な救済となるのだ。彼らは，いじめっ子に向かって，「君は勘違いしているよ，僕は君の被害者じゃないんだ。僕は_____だ。だって他の子も僕のことをそう思ってるから」と言い返せれば上等である。しかし，遊び場での屈辱的な悪口や軽蔑的な自己規定に抵抗する術を学ぶ子どもや若者は，その才能を教室や家庭にも持ち込む可能性があるので用心が必要である。

　残念ながら，被害者の立場に縛られている子どもたちと共に，彼らが実際に取りうる選択肢について話し合えることは多くない。彼らが非行に走ったら？　いじめっ子のようにパワフルになったら？　権威に反抗したら？　もちろん，被害者である子どもたちには非行に走ってほしくないが，多くの子どもたちがそうなっているのを私は知っている。驚くべきことではない。せめてこうした選択肢について話ができれば——それらはたいてい子

どもたちがすでに考えているものなのだが——私はいじめを受けているその子どもが本当に何を求めているのかをもっと特定しやすくなる。そうすれば私は，いじめっ子に対するのと同様に，その子どもに問題のアイデンティティではない別の何かをうまく与えられる立場に立つことができる。

> 私たちは，他者が貼りつけたラベルに抵抗する方法を若者が学ぶ機会を開拓しなければならない。骨の折れることきわまりないが，私たちは，私たち大人が若者に望んで貼りつけたラベルという拘束具を若者に振り払わせ，若者に，いかにして自己の批判的消費者であり続けるかを学ぶスペースを与えなければならない。

　7年生でジェフリーにいじめられて長年経ち，今では私は担任の助言がいかに近視眼的だったかを理解している。私は，誠心誠意でこう言われたのだ。「いいかい，君は賢い子なんだ。君は君なんだからジェフリーのことをまともに受け止めないように」。その助言は悲しいほど外れだった。今正直に言ってしまうと，私はジェフリーが持っていたものが欲しかったのだ。ジェフリーが私が持っているものを欲しがっていると私が信じているのと全く同じだけ欲しかったのだ。私はただ賢い子どもでいたかったわけではない。賢い子という私のアイデンティティを，私のように振る舞った他の子どもたちと同じだけ，ジェフリーのような子どもたちにも認識させたかったのだ。

> **いじめを受けている子どもたち**
> ⇨ いじめを受けている子は，いじめっ子と同じパワーを持ちたいと望むかもしれない。
> ⇨ いじめを受けている子どもは，「被害者」とは違う，権力を付与されたアイデンティティを与えられることを必要としている。
> ⇨ いじめを受けている子は，他に同等にパワフルなアイデンティティが与えられなければ，いじめっ子になる。

脱出計画

　私たちを，服従に抵抗し，権力の探求に駆り立てる何かがある。他者に私たちが知られたいように知られるためには，同じ行動を何度も繰り返さなければならないことを，私たちは子どもの頃からすでに理解している。
　私は，いじめっ子にならずして被害者の立場から逃れることができた。私は自分を表現する他の方法を持っていた幸運な子どもの 1 人だったのだ。私は 16 歳で家を出て，旅をして，自立し，自活できるようになった。その道中で，ジェフリーのような子どもたちのために，歯に衣を着せない擁護者となることを私自身の役割として見いだしたのだ。それはすばらしい解決だった。社会的に認められた方法で私はジェフリーらしくいられるのだから。

リジリアンスを
評価する

> 権力というものが抑圧的でしかないのなら，権力がノーとしか言ってくれないのなら，それに従わせられる者などいるだろうか。権力を良いものにし，受け入れられるものにしているのは，単純にそれがノーと言う力として私たちにのしかかるだけではないという事実である。それは物事を越えていき，物事を生み出しもする。そうして喜びをもたらすのだ。
> ——ミシェル・フーコー（2008）p.346 を一部改変

同程度にパワフルなアイデンティティをもたらし，より破壊的でなく，より向社会的なオルタナティヴをパンダ，カメレオン，そしてヒョウに提供しようとするのなら，私たちにはこうした若者のストレングスのインベントリーが必要である。リジリアンスは，個人，対人関係，コミュニティ，そして文化的資源の一群である。健康のための資源，つまり人が自分自身を健康であると経験する可能性を高める要因は，暴力や貧困，依存，精神障害，あるいは恐怖に満ちた社会から身を守るという聞こえのいい過保護などに関連した複数のリスクに直面する若者にとってはしばしば不足している。資源へのアクセスは，学校やコミュニティにおける介入を通じて私たちが若者に差し出す贈り物である。

　前章において，私は，若者がリジリアンスを維持できる新しい方法を提供し，置き換えるという原則を論じた。6つの関連した戦略のそれぞれが，私たちが若者に問題のアイデンティティに置き換わるものを提供し，立て直しを図るときの役に立つ。本章で私は，若者のストレングスを評価する

方法を提示する。教師やカウンセラーとして以下のことを知っている時，私たちは若者にパワフルなアイデンティティの選択肢をよりうまく提供することができる。

1. 彼らは，私たちが足場にできるどのようなストレングスをすでに持っているか。
2. 彼らに何が不足しており，それゆえ，彼らが自分自身をパワフルで，健康で，リジリアントだと経験するためには私たちが何を補う必要があるか。
3. リジリアントというアイデンティティを維持するために，彼らはどのようなストレングスを用いているか（若者のストレングスの表現は必ずしも私たちの賛同を得るとは限らないが）。

リジリアントな若者のストレングス・インベントリー——RYSI

リジリアントな若者のストレングス・インベントリー（RYSI）は，簡便で柔軟な若者のストレングスの描写ツールである。若者1人ひとりに合わせてカスタマイズすることもできる。それ自体に，若者にラベルを貼る意図はなく，むしろ，その若者の人生に見られるストレングスの領域を概観するものである。ツールに続いて質問を併用することで，教育者や援助提供者は，その若者が慣習的に認められた方法でよりリジリアントになるのを援助するには何を提供する必要があるかを明確に見ることができるだろう。問題のある方法で表現されるストレングスには，より社会に受け入れられる出口が必要である。ストレングスの不足が示されるならば，より多くの，そしてよりよい資源での補強が必要である。

国際的コラボレーション

ほんの少し前，私は，なぜ子どもたちがリスクを抱えながらも逆境に打ち克ち，うまくサバイブするのかをあきらかにするため，世界中から人を

集めるという幸運に恵まれた。私は，カナダ先住民族の北部コミュニティの人々，カナダ東部の人々，コロンビア，香港，そして南フロリダの研究者たち，インドの司祭，プレーリーの若い都市労働者たち，モスクワの心理学者，タンザニアの社会活動家，ガンビアの若者の教育者たち，パレスチナの人権団体のCEO，トラウマとストレスを専門とするイスラエルの大学の仲間たちから話を聴いた。皆で，何が若者をサバイブさせるかについての見解を共有したのだ。

彼らの示唆の多様性は，私たち自身のコミュニティに見出すことができる多様性と全く一致しそうだった。話し合えば合うほど，ますます世界共通のことが見つかり，一方で数々の違いを共有することにもなった。こうした違いは私たち自身のコミュニティ内でも明白である。私たちはそれぞれ若者のサバイバルという問題を非常に狭い方法で型にはめようとしていた。「サムが学校に戻りさえすれば」，「ケイトが少年たちとのセックスをやめさえすれば」といった具合に。

それほど簡単なことではないのだ。ケイトとサムという，第5章で紹介したこの2人の若者は，語るべき自分自身のストーリーを持っている。彼らが把握しているリスクから彼らを救うことができる要因をくまなくリストアップしても，私たちが若者自身と話をしなければ不完全である。

3年間，私が率いている研究チームは北アメリカ全域と世界各地の若者とのインタビューを行ってきた。私たちは子どもと若者のリジリアンス尺度 (CYRM; Ungar, Lee, Callaghan, & Boothroyd, 2005) を開発した。58項目の自己報告によるもので，さまざまな文化にいる人々にかかわるリジリアンスの個人，対人関係，コミュニティ，そして文化的側面を見るものである。研究の第一段階の結果は，リジリアンスには普遍的な側面と文化に特有の側面があることを示している。私たちが私たちの若者を理解しようとするならば，私たちが若者一般について知っていると思うことと，私たちの若者に特有のコーピング戦略やソーシャル・エコロジーを認めることのあいだでバランスをとらなければならない。

RYSIは，CYRMを基にしている。質問は，援助提供者たちが援助してい

る若者のリジリアンスについて援助提供者にたずねる形に修正されている。このインベントリーは，予測力のある標準化された心理検査として利用されることはない。むしろ，教師や親，そして援助提供者らが，私たちがかかわっている若者について何を知っていると思うかを批判的に見る一助となるツールである。RYSIは何百人ものワークショップの参加者に使用されており，長年にわたる世界中の若者のリジリアンス研究の一部となっている。

32のサイン

分野横断的で国際的な集団として，私たちは，教育者や援助提供者として認識しうる，少なくとも32の事柄が若者のリジリアンスに影響がありそうだという見解で一致している。若者がうまくやっていけそうかを知りたければ，これらはその手がかりになる。

パンダはこれら32項目を経験する方法を見つける。カメレオンとヒョウも同じだ。若者に何が役立つかを理解することは，彼らがどのようにしてこれら32の健康指標を達成するのかを理解することから始まる。この項目リストを概観するにあたって覚えておくべき重要な点は以下の通りである。

- ▶ これらの特徴を表現する方法，あるいは健康を維持するこれらの資源を見つける方法は1つしかないと考えて動けなくならないようにすること。結局のところ，ある子どもたちにとっては，非行少年を演じることが，食事や医療，教育，そして注目を得るためのチケットになっているかもしれない。そうでなければよいとは思うが，リジリアンスを理解するには，子どもたちが自分の生きる文脈でいかに自分の健康状態に折り合いをつけているかをまず理解することだ。
- ▶ その若者の文化やあなた自身の文化に特有なことがあれば，このリストに自由に項目を追加すること。いかなるコミュニティも，健康の基準となるいくつかの行動を若者に要求するものの，若者が若者らしくいられるユニークな機会を提供しているものである。
- ▶ その若者が自分の世界をどのように見ているかを考えること。若者

がトラブルに陥っているからといって，その若者の視点で本当に何も良いことが起こっていないだろうか？
▸ その若者を知る他者と話をすること。私たちのアイデンティティは一個人が私たちに映し返すものの結果ではない。その若者についてあなたと異なる意見を持っているかもしれないのは誰か。あなたに同意するのは誰か。よく考えることだ。

リジリアンスの尺度

　あなたがかかわっているある若者について考えよう。その若者は（学校やその他施設で）あなたの援助を受けているか，あなたの監督の下にある。以下に提示されている RYSI の項目を読み，その項目がその若者をどの程度描写しているかについてあてはまる番号に○をつける。当然ながら，正しい答えも間違った答えもない。実際，インベントリーの問いがあなたの心配する生徒にあてはまらなければ，あるいは単純にあなたにはわからなければ（これはあなたがその若者と話し合うべきことについてヒントを与えてくれるかもしれない），その問いには答えなくてよい。インベントリーは，記入しやすさを考慮して4つのセクションに分けて提示した。

　それぞれのセクションの終わりには，その若者のリジリアンスに関するあなた自身の問いを追加できるよう，空白を設けている。忘れないでいていただきたいのは，このインベントリーは，さまざまな文脈や文化で若者の健康に役立ちうるありとあらゆる要因のうちのたった1つの可能性を分類したに過ぎないことだ。あなたの生徒たちがうまく育つのに役立ちそうだとあなたが思う個人的な特徴があるだろう。あなたは，若者たちが逆境とストレスを克服するために最も必要なことは何だと思うだろう？

　それぞれのセクションの下に，好きなだけ項目を追加すること。

個人的特徴

最初の 23 項目は，若者のパーソナリティの側面を扱っている。これらの質問はリジリアンスに関連する 32 要因のうち 13 要因を検討する。

▶ アサーション
▶ 問題解決
▶ 自己コントロール感
▶ 不確かさを受け入れる
▶ 自己認識
▶ ソーシャル・サポート
▶ 楽観主義
▶ 他者への共感性
▶ 目標と願望
▶ 独立と依存
▶ ドラッグとアルコールへの態度
▶ ユーモアのセンス
▶ 義務感

リジリアントな若者のストレングス・インベントリー ——個人

以下の記述はどの程度その若者を表していますか？	全く表していない	あまり表していない	いくらか表している	よく表している	非常によく表している
1. 気軽に助けを求めることができる	1	2	3	4	5
2. 自分の問題を解決できる	1	2	3	4	5

3. 人生が困難になっても進み続ける	1	2	3	4	5
4. 今の自分の行いが自分の将来に影響すると信じている	1	2	3	4	5
5. 困難で複雑な状況で自信をもっていられる	1	2	3	4	5
6. 自分の強みを自覚している	1	2	3	4	5
7. 自分の弱みを自覚している	1	2	3	4	5
8. 仲間との親しい関係の中での自分に満足している	1	2	3	4	5
9. 自分の性に満足している	1	2	3	4	5
10. 友人と一緒にいる時,集団の一員と感じている	1	2	3	4	5
11. 家族,友人,親類らは困難なときに助けになってくれることを知っている	1	2	3	4	5
12. たいていの人生の問題はうまく解決すると思っている	1	2	3	4	5
13. 他者に悪いことが起きた時,その人のことが好きでなくても共感する	1	2	3	4	5
14. 他者の気持ちを理解する	1	2	3	4	5
15. 将来がどうあるべきかについてビジョンを持っている	1	2	3	4	5
16. 一度始めたことは必死でやり遂げようとする	1	2	3	4	5
17. 周囲の人たちと協力する	1	2	3	4	5

18. 処方箋のないドラッグやアルコールに頼ることなく問題を解決できる	1	2	3	4	5
19. 人生の問題解決の一助として楽しみや笑いを利用する	1	2	3	4	5
20. 一緒にいて楽しい人だと思われている	1	2	3	4	5
21. コミュニティの役に立つことは重要だと考えている	1	2	3	4	5
22. 世界をよりよい場所にするために自分にも果たせる責任があると信じている	1	2	3	4	5
23. 少なくとも仲間と同じ程度には良い人間だという感覚を持っている	1	2	3	4	5
(以下に項目を追加)					
	1	2	3	4	5
	1	2	3	4	5

Copyright©2006 by Corwin Press. All rights reserved. 再版元は，*Strength-Based Counseling With At-Risk Youth*, by Michael Ungar. Thousand Oaks, CA:Corwin Press, www.corwinpress.com. 複製は，本書を購入した学校ないし非営利団体にのみ許諾。

対人関係

　第2組は7項目で，学校や家庭での若者の対人関係を問う。あなたは，これらの質問からその若者の人生の4つの異なる領域について考えるよう求められる。

▶ その若者が受け取っている援助の質
▶ 社会的状況におけるコンピテンス（能力）
▶ メンター（良き指導者）
▶ 有意義な関係

リジリアントな若者のストレングス・インベントリー　　　　──対人関係

以下の記述はどの程度その若者を表していますか？	全く表していない	あまり表していない	いくらか表している	よく表している	非常によく表している
24. 援助提供者はその若者のことを注意深く見ており，家にいない時にその若者が何をしているかを知っている	1	2	3	4	5
25. 家族メンバーと個人的な感情について話をする	1	2	3	4	5
26. 初めて会う人と気楽に話をすることができる	1	2	3	4	5
27. 異なる社会的場面での振る舞い方を知っている	1	2	3	4	5
28. 素晴らしいと思える大人がいる	1	2	3	4	5
29. 学校で友人たちに支持されていると感じている	1	2	3	4	5

30. 個人的な問題について教師やコミュニティの大人たちと抵抗なく話すことができる	1	2	3	4	5
(以下に項目を追加)					
	1	2	3	4	5
	1	2	3	4	5

Copyright©2006 by Corwin Press. All rights reserved. 再版元は, *Strength-Based Counseling With At-Risk Youth*, by Michael Ungar. Thousand Oaks, CA:Corwin Press, www. corwinpress. com. 複製は, 本書を購入した学校ないし非営利団体にのみ許諾。

コミュニティ

第3組は、若者のコミュニティや学校、そして若者が有意義に参加できる機会と関連した14項目である。8つのトピックが取り上げられている。

▶ 年相応の仕事
▶ 暴力への暴露
▶ 子どもの安全と健康を守る政府の役割
▶ 通過儀礼
▶ 若者の行動に対する大人の許容範囲
▶ 安心と安全
▶ 社会的平等
▶ 学校教育へのアクセス

リジリアントな若者のストレングス・インベントリー——コミュニティ

以下の記述はどの程度その若者を表していますか？	全く表していない	あまり表していない	いくらか表している	よく表している	非常によく表している
31. 年相応の仕事やボランティアの仕事がある	1	2	3	4	5
32. 先の人生に役立つと思われる職業スキルを磨く機会がある	1	2	3	4	5
33. 家庭、学校、コミュニティにおいて暴力的状況を回避することができる	1	2	3	4	5
34. どこへ行けば助けを得られるか知っている	1	2	3	4	5

7 リジリアンスを評価する

35. 援助提供者はその若者の性を尊重している	1	2	3	4	5
36. 大人になりつつあることの証拠を示す機会がある	1	2	3	4	5
37. 法律に違反する人に対して暴力的でない解決を模索するよう，家族やコミュニティが勧めている	1	2	3	4	5
38. 許されないことをした家族やコミュニティメンバーを許す	1	2	3	4	5
39. ほぼ毎日十分食事をとっている	1	2	3	4	5
40. 家族メンバーを安全だと感じている	1	2	3	4	5
41. コミュニティにおいて公平に扱われている	1	2	3	4	5
42. 教育を受けることは重要だと感じている	1	2	3	4	5
43. 教師や他の生徒たちが，その若者に学校への帰属感を持たせている	1	2	3	4	5
(以下に項目を追加)					
	1	2	3	4	5
	1	2	3	4	5
	1	2	3	4	5

Copyright©2006 by Corwin Press. All rights reserved. 再版元は，*Strength-Based Counseling With At-Risk Youth*, by Michael Ungar. Thousand Oaks, CA:Corwin Press, www. corwinpress. com. 複製は，本書を購入した学校ないし非営利団体にのみ許諾。

文化

　最後に，私たちはより広い視野を持つ必要がある。リジリアンスについて若者に問いうるあらゆるタイプの質問の中で，これらは最もユニークであり，なおかつもっとも見過ごされている。一歩下がって私たちの文化を考えることはまれであり，リジリアンスを調べるにあたって他の文化が私たちに何を提供できるかを考えるよう求められることなどさらにまれなことだ。世界共通で，これらは考えるべき重要な問いである。7つのリジリアンスに関連する要因を含んでおり，合計して32項目となる。

▶ 信仰する宗教
▶ 寛容
▶ 文化的価値の交代
▶ 社会的責任
▶ 人生哲学
▶ 文化的アイデンティティ
▶ 文化的背景

**リジリアントな若者のストレングス・インベントリー
　　――文化**

以下の記述はどの程度その若者を表していますか？	全く表していない	あまり表していない	いくらか表している	よく表している	非常によく表している
44. 組織的宗教活動に参加している	1	2	3	4	5
45. 宗教的信仰あるいは霊的信仰を支えにしている	1	2	3	4	5

項目					
46. 意見が異なる時，援助提供者や年長者に堂々と反対する	1	2	3	4	5
47. その若者あるいは若者の家族の価値観は，コミュニティの価値観と類似している	1	2	3	4	5
48. コミュニティの大人たちは若者の考えや強い信念に寛容である	1	2	3	4	5
49. コミュニティの文化はより良い人間になるための方法を教えてくれる	1	2	3	4	5
50. 人生はこう生きるべきだという信念がある	1	2	3	4	5
51. 家族やコミュニティの伝統を楽しむ	1	2	3	4	5
52. (〜の) 国民であることに誇りを持っている	1	2	3	4	5
53. (〜の) 民族であることに誇りを持っている	1	2	3	4	5
54. 家族には食事どきの決まりごとがある	1	2	3	4	5
55. 両親や祖父母がどこで生まれたかを知っている	1	2	3	4	5
(以下に項目を追加)					
	1	2	3	4	5
	1	2	3	4	5

Copyright©2006 by Corwin Press. All rights reserved. 再版元は, *Strength-Based Counseling With At-Risk Youth,* by Michael Ungar. Thousand Oaks, CA:Corwin Press, www. corwinpress.com. 複製は, 本書を購入した学校ないし非営利団体にのみ許諾。

つまり，どういうことなのだろう？

　RYSI に記入すると，大抵，若者をより丁寧に見るようになり，その若者の福利を向上させる領域について考えさせられることに気づく。まず，インベントリーで 1 に○をつけた数，2 に○をつけた数というように，それぞれの回答を選んだ数を集計してほしい。次に，その数に行数を乗じて行ごとの得点を算出する。最後に，それらの合計得点を算出する。計算方法は集計表の通りである。

　最終的な合計得点は，その若者のストレングスの非常に単純な概算である。若者のリジリアンス要因は指数関数的に結合することを覚えておくことが重要である。というのは，リジリアンス要因は 1 つひとつ積み上がるだけではない。多ければ多いほど，ますますその効果は増大するのだ。いくつかのストレングスしか持たない若者がそれなりにうまく人生をやり遂げる。それらの数少ないストレングス，つまりリジリアンスと関連する要因は，若者の脆弱性と結合し，相殺するのだ。リジリアンスを高める特徴が 1 つあれば良い。むろん 2 つあればなお良い。しかし，3 つ持つようになると人生に本物の格上げがやってくる。それはまるで 4 つ持っているかのように経験される。もし幸運が目の前に訪れ，私たちをリジリアントにしてくれる特徴や資源を 4 つ持っていれば，私たち自身について 8 つ良いことがあるのに等しい。このように効果は飛躍的に大きくなるのだ！

若者の氏名 _____					
回答	この回答を選んだ項目数	×	行数	=	行ごとの集計と全体の合計点
1		×	1	=	
2		×	2	=	
3		×	3	=	
4		×	4	=	
5		×	5	=	
合計点					

リジリアンスを評価する

⇨ リジリアンス要因は指数関数的に結合していく。つまり，それらの結合による影響は，単独の影響よりも大きい。

⇨ パンダ，カメレオン，ヒョウは，リジリアンスに関連する要因についてよい得点を出すことができるが，彼らは異なる方法でリジリアンスを実現している。

適正に評価する

　RYSI の記入で最も困難なのは，私たち大人の多くが若者の人生を評価しようとする時にしてしまう目隠しを防ぐことだ。私たち自身の教師や援助提供者も，私たちが選ぶ生き方や友人，そして健康への道筋に対して同じような胸騒ぎに苛まれたことだろう。全生徒が何らかの楽器演奏を習わなければならないか，それに相当する課外活動に参加しなければならない学校を例に挙げてみよう。音楽は，私たちが子どもたちに授けられる一生涯

の贈り物であることは間違いない。言うまでもなく，子どもたちに音楽的能力を磨いてほしいと望むこと自体に問題はない。

しかしながら，最善の意図が泥沼の戦いに変わるのがしばしばである。中には猛反対する生徒がいる。習いたい楽器や音楽の選択で教師や親をひどくイライラさせる生徒もいる。結局のところ，私たちはロックバンドをスクールバンドと同等に受け入れるつもりがあるのか？　シンセサイザーで演奏される音楽を，クラシック音楽に優れた生徒がより伝統的な楽器で演奏する音楽と同等に価値があると見なすのか？

難しい若者を採点する

では，楽器を始めることには同意したものの，スキンヘッドにし，中学校のスクールバンドで出会った3人の少女と組み，メタル風のワールドビートバンドを結成したポーラのような若者を，私たちはどのように採点すればよいだろう。明らかに，彼女は自分自身のストレングスを自覚している（彼女はどのみち自分の音楽的才能を活用している）。そのため問6の得点は高くなる。彼女の親や援助提供者は彼女が家の外で何をしているのかを知っている（運良く他のバンドメンバーと練習場所を知っていれば）。すると問24の得点も高い。彼女は確実に責任を引き受けることができ，そのバンドがライブの1つや2つもやれば，それは若者が自分たちにできることを世界に示すことによる素晴らしい通過儀礼である。問36で私は彼女に4あるいは5点をつけた。彼女が年長者に対して，おそらくそれが教師であったとしても，堂々と反対意見を述べられることもまた確実なので，問46でも高得点をつけよう。

> リジリアントな若者は人生のあらゆる側面でいくらかのストレングスを示すことが多い。よりリジリアントでない若者の援助提供者として，私たちの役割は，若者を現実的に見て，彼らの求める健康維持の資源が得られる機会を提供することだ。どのような資源が彼らに最適なのかを私たちに教えてくれるのは彼らしかいない。

ポーラが人生の他の部分ではうまくいっていないかもしれないのは言うまでもない。彼女の挑戦的な生き方では，他者に対してあまり寛容ではいられないだろうし，他者の気持ちに鈍感になりかねない。私は問14で低い点数をつけた。彼女は教師を含めてどんな大人も彼女の世界からは遠い連中として見限っていたので，心地よく話をすることはできないと思われる。そのため問30の得点は低い。同様に，ロックスターには，半飢餓状態のガリガリに痩せた風貌がつきものである。問39では2点か3点をつけたかもしれない。最後に，彼女は自分がスキンヘッドであるために，あるいは自分が少女であるために，他者からあまり公平に扱われていないと感じているかもしれないので，問41の得点も低い。

　ポーラが教師や親を怒らせ，学校では挑戦的で扱いにくい子どもという評判を得ているという事実は，彼女がしていることが彼女のためになっていないという意味ではないことにはお気づきだろう。教師たちには，反社会的だと思える行動に向社会的な光を当てて見るのは困難なことかもしれない。RYSIに記入する際には，若者のコーピング戦略が必要以上に厳しくジャッジされないよう注意を払うこと。一方で，公正に，見たままを評価すること。若者の行動が好ましくないだけでは，彼らの人生の何事かがうまくいっていないことにはならないのだ。しかしこれは非常に個別性の高い問題である。私たちの若きロックスターはうまく対処しているのかもしれないが，他のバンドメンバーははるかにリジリアントではなく，より大きなリスクにさらされているかもしれない。

RYSIの結果を解釈する

「学校でのトラブルが初めて現れたのはいつだい？」
「トラブル」は3年生の頃からアランにつきまとっていた……
「なるほど。君の集計結果によると，今週は誰の勝ちだい？ アラン，君の勝ちは何回で，トラブルの勝ちは何回だった？」ロンが尋ねた。
アランはそんな言葉で考えたことがなかった。
「うーん，たぶん，トラブルの勝ち越しじゃないかな」と，アランは敗北感をにじませながら答えた。
——ジョン・ウィンスレイド & ジェラルド・モンク

そうばかりとは言えないが，私は，前章のリジリアントな若者のストレングス・インベントリー（RYSI）で，教師が低めの得点を付けたがり，それを予想通りと受け取るパンダ的生徒にしばしば出会う。こうした若者たちは典型的に機会が奪われているか，あるいは機会があってもそれを見過ごすか回避するため，援助提供者がインベントリーに記入するとパンダは低い得点しかもらえない。

パンダは狙い撃ちする

覚えているだろうか。パンダは同じことを何度も繰り返すのが好きだ。彼女たちは，自分のためによく役立ってくれるストレングスをいくつか持ってはいるが，同時に特定の行動パターンや，機会の不足のために，他の若者よりずっと多くのリスクを抱えがちである。彼女たちは金メダルを狙い

続けるが，条件がぴったり整うときにしか得点できない。

　教育者がこうした生徒の発達（そしてサバイバル）を心配するとき，私たちはその若者について言える良いことを熱心に探す必要がある。例えば次のように。

問2　必要に応じて自分の問題を解決できる

　パンダは，同じ戦略（暴力？　逃避？）を繰り返し使う限り，しばしば問題解決が非常に得意である。

問28　素晴らしいと思える大人がいる

　法に抵触するようなトラブルに足を踏み入れる子どもや学校をずる休みする子どもには，対人関係の多くの項目で低い点数をつけてしまいがちだが，素晴らしいと思える大人がいるという項目では高得点をつけることが多い（成人の犯罪者？　スポーツのスター選手？　ビデオジョッキー？）。

問40　家族メンバーを安全だと感じている

　路上生活の子どもやその子どもの路上生活している家族はどうなるだろう。この項目に高得点がつく多くの若者に私は出会う。彼女たちは一緒にいて安全を感じられる若者の集団を見つけているからだ。ストリートチルドレンとしての人生から抜け出せないという事実は，ストリートの家族が家出児や浮浪児に提供する良い物事の価値を低めたりしない。

問46　意見が異なる時，援助提供者や年長者に堂々と反対する

　これはぜひパンダを正当に評価しなければならない。彼女たちが意見の不一致に対して控えめになることは滅多にない。彼女たちは頻繁に，そして声高に反対を表明するが，その方法が社会的に受け入れられることはまれである。

カメレオンは高得点を得る

　対照的に，カメレオンは以下のような項目で高得点を得る。彼女たちは同じことを延々繰り返したりはしない。臨機応変な若者なのだ。彼女たちは，自分が健康的であるために必要な資源と経験を探しに出かける。内心ではまだ自信がなく，「これが私だ！」と世界に主張するのをためらっているのだが。彼女たちの教師はより多くのストレングスを見つける傾向がある。

問14　他者の気持ちを理解する
　　カメレオンは，他者がどんな気持ちでいるのかを読むのに長けている。仲間グループをあれほどうまく渡り歩ける理由はそこにあるのだ。彼女たちは絶えず他者のニードに合わせ，なじむために他者を喜ばせようとする。

問26　初めて会う人と気楽に話をすることができる
　　カメレオンは，パワフルなアイデンティティを見つけようと試みるため，いつも新たな人と出会っていなければならない。彼女たちは，人が彼女たちに求めるあり方に順応するので，友達作りが非常に上手いことが多い。

問33　家庭，学校，コミュニティにおいて暴力的状況を回避することができる
　　カメレオンはグループ間を渡り歩けるので，脅威を感じるところに留まる必要がない。ストリートがあまりに危険になれば，学校へ戻ろうとするだろう。目指すところはパワフルなアイデンティティを見つけることなのであり，自分を危険にさらすことではない。

問45　宗教的信仰あるいは霊的信仰を支えにしている
　　カメレオンはしばしば自分の信念について語るだろう。しかしながら，その信念が変わっても驚いてはいけない。カメレオンは新しい宗教や新しい考えを試しているのだ。

ヒョウは勝ち取る

　ヒョウは，援助提供者が彼女たちの人生を評価するという考え自体をばかばかしく思うかもしれない。一体どこの誰が1人の子どもの人生に判断を下せるというのか。ましてや大人がなんてとんでもない！　ある意味で私も同意する。子どもたちの人生の意味を理解するというこのエクササイズは私たち大人のためにあるのだから。これは若者についての私たちの認知である。ヒョウは，他者にラベルを貼られることに抵抗する。彼女たちは，何の問題もなくうまくやっていると私たちに確信させたいのだ。ヒョウを生徒にもつ教師の多くは，その若者が期待通りのことをしている時に，彼女はヒョウだと喜んで確信する。しかしながら，教師や他の援助提供者がその若者の人生に起きている良いことを見つけにくいと感じるとき，ヒョウは見過ごされかねない。

　問9　自分の性に満足している
　　ヒョウの教師や親，聖職者，養護教諭は心配するかもしれないが，通常ヒョウは，自分が性的に積極的でいるかどうかを自分で決められる若者だ。彼女たちにとってセックスは，人生の他のすべてと同様，自己表現の一形式である。
　問24　援助提供者はその若者のことを注意深く見ており，家にいない時にその若者が何をしているかを知っている
　　ヒョウは，ストリートでの人間関係を学校や家に持ち込むことをはばからないので，教師や親，その他の援助提供者は，その若者の友達が誰なのか，だいたい察しがついている。ヒョウは，自分の人生に注目し，自分に気を配る人がいる，という安心を好む。たとえ彼女たちが言われた通りに動かないとしても。
　問43　教師や他の生徒たちが，その若者に学校への帰属感を持たせている
　　ヒョウは，彼女たちに健康でいる機会を提供する環境なくしてヒョウではありえない。幸運にもポジティヴなアイデンティティを主張でき

るようになる多くの若者は，自分自身をどう他者に示そうとも教師や学校関係者が温かく受け入れてくれると感じられる学校で，どうしたらそうなれるかを学ぶのだ。

問 52 （〜の）国民であることに誇りを持っている

ヒョウが，自分は何者であるかについてのあらゆる側面に誇りを持っていることは驚くに値しない。彼女たちの人生においてある国の国民であることの意味が，大人と一致することを期待してはならないだけのことだ。ヒョウは，年長者をイライラさせるような方法で，一国民であることの意味を再定義しようとすることが多い。

リジリアンスを探す

⇨ 子どもたちの行動は，良いものも悪いものも，健康への探求である。

⇨ リジリアンスは，逆境を乗り越え，成功に必要な資源にアクセスするその子どもの能力である。

⇨ ある子どもの定義する健康とは，その子どもと，その教師や援助提供者との間で協議されるものだ。

シャーリー――よりリジリアントな若者

会った瞬間から人々はシャーリーに惹き付けられる。彼女は15歳で，リサイクルショップで手に入れた古着を身にまとい，長くのばした髪の毛が顔を隠している。実際に会ってみると奇妙な子だとは思うかもしれないが，シャーリーが乗り越えなければならなかった家庭でのあらゆる困難を誰も言い当てられはしないだろう。彼女を知ってしまえば，彼女を仲間たちから際立たせたこうした困難がなかったら，と考えざるを得ない。誰もがこの活気のある若い女性に好意を持つ。とにかく彼女の担任以外の誰もが。

シャーリーは挑戦を決してやめない，自由思想で大胆なタイプの子どもの1人である。家ではもう1人の親のように振る舞っている。彼女は，あらゆる物

事のやり方に口出しする権利を持っている。彼女は，自分が皆と同じく有能だと皆がわかっていることを確認することが役目だと思っている。実際ほぼ毎日彼女は有能だ。兄のポールはこの2年ほど，鬱病のため入退院を繰り返していた。シャーリーは，彼が最も信頼する相手だった。彼女は親友の役割を果たし，人々が彼のためを一番に思っていない時には彼を代弁する。それは彼女が好む役割だ。

　母親のキャロリンもまた，彼女が差し出す援助に頼り始めていた。父親のデイヴィッドは違った態度で振る舞う。彼は息子のことを自分のやり方で世話したがっており，シャーリーがポールには何が必要かをすぐさま伝えにくるのを不快に思っている。シャーリーは，父が自分の息子のことを恥だと思っており，ポールには服薬や精神科医の手当てや家族療法が必要だということを否定したいのだと思っている。デイヴィッドの娘に向けられる怒りは，息子に向けられる怒りより安全だ。シャーリーは避けられるけんかは避けるが，完全には引き下がらない。シャーリーはポールを見舞い，母親が泣く時には母親の話を聴き，悲しくなり，その場に立ち尽くして父親を受け入れさえする。

　彼女のことをすべてわかっているのは彼女の母である。母親は，学校に呼び出され，シャーリーが今度黙らなければ，期限内に宿題をすべて終わらせなければ，あるいは体操の時間に体操着を着なければ，また謹慎処分だと言われても笑っている。シャーリーは，本来自分は子どもであり，子どもがやれと言われることをやらなければならないということに決して納得しない。彼女は，体は子どもでも，親でいる方が断然心地よく感じている。

　キャロリンとシャーリーの担任のパムにとっては，私とのコンサルテーションの最中にRYSIへの記入を求められたことはありがたい息抜きだった。私は彼女たちに，それぞれの項目について意見を一致させるよう求めた。しばらく時間はかかったが，最終的に付けた得点は2人に希望をもたらした。シャーリーの兄の病は必ずしもシャーリーの家族を崩壊させてはいなかった。それは物事を困難にはしていたが，ありがたいことに，シャーリーは，母親と担任とが常にうすうす感じていたように，リジリアントだった。2人は，インベントリーを完成させてみると，そのストレングスの源をよりはっきりと見ることができた。以下の得点表は彼女たちがつけた合計点を

示している。

若者の氏名 シャーリー					
回答	この回答を選んだ項目数	×	行数	=	行ごとの集計と全体の合計点
1	2	×	1	=	2
2	0	×	2	=	0
3	5	×	3	=	15
4	17	×	4	=	68
5	32	×	5	=	160
合計点					245

カム――よりリジリアントでない若者

　カムは学力があり，運動能力もある。学校での成績はまずまずである。法に触れるようなトラブルを起こしたことはなかったが，13歳の頃には「時間の問題だろうね」と校長から皮肉っぽく言われていた。

　カムは異人種間の子でもある。母親はダンサーで，黒人。父親は白人で，軍の伍長である。郊外に立派な家を構えている。隣近所の多くは白人である。カムにとってそれはいいことだ。彼と兄のウィルは，近所の女の子たちに人気だ。彼らは白人より肌が黒く，だぶだぶの服を着ている。トラブルを起こすことは，他の子どもたちより多くも少なくもない。しかし会ってみると，2人の少年が疎外感を抱いているのがわかる。彼らには迷いがある。彼らは自分たちの生きる場所でどう生きれば良いか，よくわからないのだ。そこで彼らはメディアで目にするイメージに頼る。

　カムの母親は，息子のストリート系ファッションが気に入らない。「彼は都会にたむろしているような子じゃないの」と彼女は言う。「彼は郊外育ちの中流階級の子なのよ」と。話はそれで終わりだ。

　しかしそれはカムのストーリーではない。彼のストーリーは，この2年間居

残りの罰を繰り返し受けていることだ。その理由は，トイレから戻るのが遅い，バンダナをつけている，といったものだ。他にも，白目をむいてあきれた顔をする。友達と汚い言葉を使う。ズボンをちゃんと上げようとしないなど。

　このことはカムを怒らせるばかりである。兄の方は問題を回避しているが，カムは個人攻撃だといちいちむきになっている。むきになってはならない理由などどこにあるだろう。彼は，黒人たちが，同等の白人たちとは非常に異なる扱いを受けていることを日常的に観察している。カムは偏った扱いを受け流さない。彼は，本当は好きでもないのに，彼をパワフルな黒人の若者として受け入れてくれる若者とたむろするようになっていった。成績は落ちていく。自分に自信が持てない。両親は心配している。両親の心配ももっともなことだ。

　カムはもっとリジリアントであるはずだ。少なくとも，彼に会うとそう期待するかもしれない。しかし，学校で受けた処遇が彼を打ちのめしてしまった。事実，黒人の生徒は白人の生徒より謹慎処分を受けやすい（Cross, 2003）。望ましいとは言いようもない集団とつるむことは，カムにとって，コーピング戦略のための第一選択肢ではありえなかった。彼はスポーツをしようとしたが，謹慎処分のために練習を休むと，チームをやめろと言われ続けた。学校は，当然ながら人種差別について話すのを回避したがる。カムのような若者の親が学校側と話をしに行くと，教職員は丁重に対応するものの，起きていることに全く責任を取ろうとしない。

　インベントリーに記入していても，私たちは楽観視できることがあまり見つけられなかった。しかし，カムに何を提供すればよいかを私たちに教えてくれる指針を見つけることはできた。全ての問いに答えたところ，コミュニティと文化の要因がカムの人生にとって最大の重荷であることは明らかだった。難しいのは，こうした問題が臨床現場だけでは解決できないことだ。カムのような若者と仕事をしてきたスティーブン・マディガン（Madigan, 1998）という家族療法家は，コミュニティが人種差別に対抗する必要性を論じている。人種差別で身動きがとれなくなっている若者と仕事をする専門家は，彼らと彼らが直面している問題を切り離し，彼らの経験していることを描写する方法を彼らに提案する必要がある。カムが経験し

ている人種差別は，それを変えようとするならば私たち全てが向き合うべきことである。

母親がインベントリーに記入したところ，カムの得点は以下のようになった。いくつか良い点はあるが，結果の大部分は，カムが，端から見たときに最初に思うよりもずっと多くのリスクを抱えていることを示している。比較のために，シャーリーは245点だったことを思い出していただきたい。

若者の氏名 **カム**					
回答	この回答を選んだ項目数	×	行数	=	行ごとの集計と全体の合計点
1	13	×	1	=	13
2	23	×	2	=	46
3	16	×	3	=	48
4	3	×	4	=	12
5	1	×	5	=	5
合計点					124

結果を利用して私たちの努力を伝える

RYSIを用いて若者を手早く捉えてみることで，若者の成長にしたがって注目すべき数々の手がかりを得ることができる。それは，私たちが教育者として若者のどこを援助すればよいかを特定するのに役立つ。もしあなたがある若者に，例えば自己コントロール感や，あるいは強い民族アイデンティティなど，ある領域で高得点をつけたことに気づいたものの，その若者は危険なあるいは破壊的な方法で人生のその部分を表現していると思ったとしよう。それは役に立つ情報である。パンダ，カメレオン，そしてヒョウは，パワフルな代案を提示される前から，いかに才気あふれる対処をし

ていたかを誰かが認める時に変化するだろう。

> 自分自身をリジリアントだと経験するようになればなるほど、そしてそのように感じられる機会を提供されればされるほど、若者は逆境やストレスに対処し、自分が健康だと他者を納得させるのが上手くなる。

つまり、悪いことは「良いこと」か？ あるいはやはり悪いことか？

あなたが若者にどのような得点をつけるかという問題は、「その若者は、全くよからぬことをたくらんでいたとしても健康なのか？」という問いへの洞察を与えてくれる。パンダ、カメレオン、そしてヒョウは、リジリアンスを維持するために可能な限り最大限その資源を利用する。教師や援助提供者、カウンセラー、そして関心を向けている一市民として、私たちは、危険で、非行的で、逸脱した、そして障害的な手段を通じてリジリアンスを経験している若者に対して、より破壊的でない方法で健康を見出せる方法を提案することができる。

> 若者の行動は私たちを混乱させる。若者は自分自身や他者にとって危険なパターンに頑固なまでにしがみつく。問題によってもたらされる良いことを理解すれば、若者は問題から切り離される。結局のところ、若者は問題ではない。問題行動が問題なのだ。大抵の若者は、同じように満足のいく、社会的にもっと受け入れられるパターンが手に入れば、社会的に受け入れられない行動パターンを喜んで手放す。

子どもが健康を見出すための援助方法について私が学んだことの多くは、子どもたち自身から学んだことだった。若者の人生について若者自身から学ぼうとするなら、必要なのは忍耐と時間である。

私たちが問うべき質問

　RYSIは扉を開いてくれる。それは関心領域を特定する。若者をより深く理解する方向へ私たちを向かわせてくれる。では次に何が起こるだろう？　若者をより良く理解するために，私たちは何を尋ねればよいだろう？　私たちが実際に何を尋ねるかは，私たちが若者に対してどのような態度を抱き，質問を通じてその態度をどう伝えるか，ということに比べれば，それほど重要でない。

> 　私たちが，善意で，純粋に関心を抱いて，若者の人生を若者の言葉で理解したいと願えば，いかにサバイブし，スライブしてきたのかを私たちが大人として理解するのに必要な時間と配慮を大抵の若者は与えてくれるだろう。若者は，私たち大人が心を開いて話を聴こうとすれば，自分の人生についてすすんで説明してくれる。

　私は，会話を進展させるために用いるさまざまなタイプの質問を用意している。いくらか例を示そう。会話を始める一般的な質問と，若者が語り始めた時にそれをさらに探求するための特別な質問の両方を盛り込んだ。もちろん，RYSIで取り上げたトピックに戻り，純粋にもっと知りたいことについて尋ねてもかまわない。

　質問は，いくつでも自由に組み合わせて使うことができる。これらは会話を流れさせるための呼び水に過ぎない。なお，言い回しは自分らしく変えることとする。

- ▶「私が今の時代に子どもだったら，うまく成長するために，サバイブするために，どんなことを知っている必要があるかな？」
- ▶「多くの問題に直面していても，君や君の友達のようにうまく成長する人々のことを，君はどう説明するかな？　君や君の友達はどんな言葉を使うの？　私もそんなふうに今の子どもたちのことを考える

べきかな？」
- 「悪いことが起きたとき，それは君や，君の家族や，君の先生や，君のコミュニティの他の人たちにとってどんなことを意味するんだろう？ どんなことが悪いことなんだと思う？」
- 「君の家族の中で育つことや，学校に通うこと，それから君のコミュニティで生きていくことについて，君はどんなことが一番難しいと感じているだろう？」
- 「君は，人生において大きな問題に直面したら，どうするだろう？ 小さい問題だったら，その時はどうする？」
- 「健康だ，というのはどういう意味だろう？」
- 「君自身が，精神的に，身体的に，情緒的に，霊的にいい気分でいられるために，君や，君の知っている人たちは何をしてくれるだろう？」
- 「君の友達か，学校で君が知っている誰かで，乗り越えなければならない問題がたくさんあるのに本当にうまくやった子がいたら，その子についての話を私にも教えてくれるかな？」
- 「君自身はどうだろう？ 君は学校や家族，あるいはコミュニティの中で直面する困難をどうやって乗り越えてきたのか，私にも教えてくれるかな？」

　認めざるを得ないことだが，あなたとあなたのクラスの生徒，あるいはあなたの助言を受ける生徒の間のコミュニケーションが，上記のような質問をしても行き詰まってしまうようなら，助けを求めるのが最善だろう。あなたがカウンセラーや里親といった援助専門職あるいは援助提供者であれば，助言をくれて，あなたに代わってその若者と仕事をしてくれる同僚やその他のサポートがあることだろう。あなたが無口な若者の教師や親ならば，専門のカウンセラーに援助を求めたいかもしれない。結局のところ，若者とコミュニケーションする手段を持たなければ，その若者が自分の福利を維持するためにあなたに何を求めるかを知る見込みは薄いということになる。

結論
必要なのは
変わることだ

　若者への新しい見方を取り入れるのは簡単なことではない。正規の支援者や教師としてのトレーニングの多くや，私たち自身がうけてきた躾や親役割への文化化の多くは，若者をある1つの見方，それもたった1つの見方で見ることを教えている。カオスの下に隠れているストレングスを見ることで，私たちはもっと効果的に若者の成長を助けることができるが，それには私たちの世界観の転換が必要となる。

　簡単なことではないのだ。

　ソロー（Thoreau, 1854/1962）を思いだす。ウォールデン湖を去るとき，彼は，自分が住んでいた小屋から池までおりて戻るうちに自分の足跡がすりへらしてできた小道について考えた。彼はこう言っている。「大地の表面はやわらかくて，人の足跡をのこしやすい。精神がたどる道にも同じことがあてはまる。世の道はいかにすりへって埃っぽいことか，そして伝統や習俗にはいかに深い轍が刻まれていることか」（p.343）［邦訳，「森の生活」p.276から一部改編］と。

　私たちは，もはや私たちにとっても，若者にとっても役に立たないような，若者についてのある種の考え方にはまって抜け出せないでいる。他にやりようはあるのだ。事実，いまや世界中で用いられているストレングスに基づく介入の多くは，私たちが若者たちを，彼らが喜んで受け入れるようなやり方で助けられるということを示している。ただし，私たちは，自分自身の慣習への同調という足かせを，自ら進んで振り払わなければならない。私たちがいかに革新的な教育者や相談相手であることを自負しようとも，

私たちが支援している若者は，きっと私たちの自己満足に挑戦してくれるだろう。パンダなら，自分のユニークさを示すなら一貫して示すことが必要だということを思い出させてくれるはずだ。カメレオンなら，柔軟であることの必要性を示してくれるだろう。そしてヒョウなら，主張の大切さを教えてくれるに違いない。こうしたリジリアンスの処方は悪くない，そうだろう？

引用文献

Anderssen, E. (2004). Come on, get happy. *The Clobe and Mail*. F1, F3.

Anthony, E. J. (1987). Risk, vulnerability, and resilience: An overview. In E. J. Anthony & B. J. Cohler (eds.), *The invulnerable child* (pp. 3-48). New York: Guilford.

Bach, R. (1970). Jonathan Livingston Seagull. New York: Avon.（五木寛之訳（1977）カモメのジョナサン．新潮社）

Carlson, R. (1997). *Don't sweat the small stuff…and it's all small stuff: Simple ways to keep the little things from talking over your life*. New York: Hyperion.（小沢瑞穂訳（2000）小さいことにくよくよするな！――しょせん，すべては小さなこと．サンマーク出版）

Chambon, A., & Irving, A., (Eds.). (1994). *Essays on postmodernism and social work*. Toronto: Canadian Scholars' Press.

Cross, W. E. (2003). Tracing the historical origins of youth delinquency and violence: Myths and realities about black culture. *Journal of social Issues*, 59(1)67-82.

Fallis, R. K., & Opotow, S. (2003). Are students failing school or are schools failing students?Class cutting in high school. *Journal of social issues*, 59(1), 103-119.

Foucault, M. (1980). *Power/Knowledge*. C. Gordon, L. Marshall, J. Mepham, & K. Soper（Trans). New York: Pantheon. (Original work published in 1972).（小林康夫，松浦寿輝，石田英敬編（2006）フーコー・コレクション〈4〉権力・監禁．ちくま学芸文庫）

Foucault, M. (1994). Truth and power. In J. D. Faubion (Ed.), *Michel Foucault: Power*（pp.111-133). New York: The new press. (Original work published in 1976).（小林康夫，松浦寿輝，石田英敬編（2006）フーコー・コレクション〈4〉権力・監禁．ちくま学芸文庫）

Frank, A. (1952). *Anne Frank: The diary of a young girl*. New York: Scholastic Book Services.（深町眞理子訳（2003）アンネの日記（増補新訂版）．文春文庫）

Fraser, M. (Ed.). (1997). *Risk and resilience in childhood: An ecological perspective*. Washington, DC: NASW Press.（門永朋子・岩間伸之・山縣文治，訳（2009）子どものリスクとレジリエンス――子どもの力を活かす援助．ミネルヴァ書房）

Gergen K. J. (2001). Psychological science in a postmodern context. *American psychologist*, 56 (10), 803-813.

Gergen, K. J., Hoffman, L., Anderson, H. (1996). Is diagnosis a disaster? A constructionist trialogue. In F. W. Kaslow (Ed.), *Handbook of relational diagnosis and dysfunctional family patterns*.

（pp102-118). New York: John Wiley.

Gibram, K. (1982). *The prophet.* London: Heineman. (Original work published in 1923).

Gilligan, C. (1982). *Indifferent voice: Psychological theory and women'sdevelopment.* Cambridge, MA: Harvard University press.（岩男寿美子訳（1986）もうひとつの声――男女の道徳観のちがいと女性のアイデンティティ．川島書店）

Greene, R. (2002). *The concise 48 laws of power.* London: Profile books.（鈴木主税訳（2001）権力（パワー）に翻弄されないための48の法則（上下）．角川書店）

Hansen, M. V., & Canfield, J. (1993). *Chicken soup for the soul.* Deerfield beach, FL: HCI.（木村真理・土屋繁樹訳（1995）心のチキンスープ――愛の奇跡の物語．ダイヤモンド社）

Jensen, D. (2002). *The culture of make believe.* New York: Context Books.

Kids Count（2004, October). Retrieved September 1, 2005, at http://www.aecf.org/kidscount/teen/overview/overview.htm

Ladner, J. A. (1971). *Tomorrow's tomorrow: The black woman.* Garden City, NY: Anchor.

"Loser" kills one at Alberta School. (1999, April 29). *The Daily News,* Halifax, Canada, p.1.

Madigan, S. (1998). *Narrative therapy with Stephen Madigan: Family therapy with the experts.* [Video series]. New York: Allyn & Bacon.

McNamee, S., & Gergen, K. J. (Eds.). (1992). *Therapy as social construction.* Thousand oaks, CA: Sage.（野口裕二・野村直樹訳（1998）ナラティヴ・セラピー――社会構成主義の実践．金剛出版）

Mitchell, J. (1970). The circle game. *Ladies of the canyon.* New York: Siquomb.

Moffitt, T. E. (1997). Adolescents-limited and life-course-persistent offending: Acomplementary pair of developmental theories. In T. P. Thornberry (Ed.), *Developmental theories of crime and delinquency* (pp. 11-54). New Brunswick, NJ: Transaction.

Morgan, A. (2000). What is narrative therapy? Adelaide, Australia: Dulwich centre publications.（小森康永・上田牧子訳（2003）ナラティヴ・セラピーって何？　金剛出版）

Neill, J. T., & Heubeck, B. (1998). Adolescent coping styles and outdoor education: Searching for the mechanisms of change. In C. M. Itin (Ed.), *Exploring the boundaries of adventure therapy: International perspectives* (pp. 227-243). Boulder, CO: Association for Experiential Education.

Nylund, D., & Ceske, K. (1997). Voices of political resistance: Young women's co-research on anti-depression. In C. Smith & D. Nylund（eds.), *Narrative Therapies with children and adolescents* (pp. 356-381). New York: Guilford.

Nylund, D., & Corsiglia, V. (1996). From deficit to special abilities: Working narratively with children labeled "ADHD." In M. F. Hoyt (Ed.), *Constructive therapies: Vol. 2* (pp.163-183). New York: Guilford.

Olweus, D. (1993). Bullying at school. Oxford, UK: Blackwell.（松井賚夫・角山剛・都築幸恵訳(1995)いじめ――こうすれば防げる―ノルウェーにおける成功例．川島書店）

Oxford English Dictionary (2nd ed.). (1989). London: Oxford University press. Retrieved August 26, 2005, from www.askoxford.com.

Pipher, M. (1994). *Reviving Ophelia: Saving the selves of adolescent girls.* New York: Ballantine.（原

田好恵訳（1997）オフェリアの生還――傷ついた少女たちはいかにして救われたか？ 学習研究社）

Pollack, W. (1998). *Real boys: Rescuing our sons from the myths of boyhood.* New York: Henry Holt.（吉田まりえ訳（2002）男の子が心をひらく親，拒絶する親．講談社）

Rahey, L., & Craig, W. M. (2002). Evaluation of an ecological program to reduce bullying in schools. *Canadian journal of counseling,* 36(4), 281-296.

Salmivalli, C. (2001). Peer-led intervention campaign against school bullying: Who considered it useful, who benefited?*Educational Research*, 43(3), 263-278.

Sutton, J. (2001). Bullies: Thugs or Thinkers? The Psychologist, 14(10). Retrieved September 1, 2005, at http://www.bps.org.uk/

Sutton, J., Smith, P. K., & Swettenham, J. (1999). Socially undesirable need not be incompetent: Aresponse to Crick and Dodge. *Social Development,* 8(1), 132-134.

Taylor, J. M., Gilligan, C., & Sullivan A. M. (1995). *Between voice and silence: Women and girls, race and relationship.* Cambridge, MA: Harvard University press.

Thoreau, H. D. (1962）Walden and other writings by Henry David Thoreau. New York: Bantam. (Original work published in 1854).（飯田実訳（1995）森の生活ウォールデン〈上・下〉．岩波文庫）

Ungar, M. (2002). *Playing at being bad: The hidden resilience of troubled teens.* Lawrencetown Beach, Nova Scotia, Canada: Pottersfield.

Ungar, M., Lee, A. W, Callaghan, T. and Boothroyd, R. (2005). An international collaboration to study resilience in adolescents across cultures. *Journal of Social Work Research and Evaluation,* 6(1), 5–24.

Ungar, M., & Teram, E. (2000). Drifting towards mental health: High-risk adolescents and the process of empowerment. *Youth and Society,* 32(2), 228-252.

Venable, S. F. (1997). Adolescent rites of passage: An experimental model. *Journal of Experiential education,* 20(1), 7-13.

White, M. (1988, Summer). The externalizing of the problem and the re-authoring of lives and relationships. *Dulwich centre newsletter,* 5-28.（Whiite：物語としての家族．第二章）

White, M. (2000). *Reflections on narrative practice: Essays and interviews.* Adelaide. Australia: Dulwich Centre publications.

White, M. & Epston, D. (1990). *Narrative means to therapeutic ends.* New York: Norton.（小森康永訳（1999）物語としての家族．金剛出版）

Whyte, W. F. (1943). *Street corner society.* Chicago: University of Chicago press.（奥田道大・有里典三訳（2000）ストリート・コーナーソサエティ．有斐閣）

Winslade, J., & Monk, G. (1999). *Narrative Counseling in schools: Powerful and brief.* Thousand Oaks, CA: Corwin.（小森康永訳（2001）新しいスクール・カウンセリング――学校におけるナラティヴ・アプローチ．金剛出版）

解説
非行臨床にいかす
リジリアンスの視点

松嶋秀明

はじめに

　近年，教育界では若者の暴力，反社会的行動にまつわる懸念が高まっている。たとえば，平成23（2011）年度に文部科学省がおこなった「児童生徒の問題行動等生徒指導上の問題に関する調査」では，わが国の小・中・高校で発生する暴力事件件数は，とりわけ中学校段階において飛躍的に増加している。もちろん，非行件数はもちろん暴力行為自体が減少しているといういくつかの研究結果（例えば，土井[3]）をふまえれば，これらを額面通りに受けとることはできないとしても，少なくとも学校現場で深刻な「問題」となっているのはまちがいない。本稿では，主に学校場面で反社会的行動をおこす子どもについての研究を概観しつつ，そうした子どもへの関わりについて，近年，わが国でも注目を浴びることが多くなった「リジリアンス」概念，とりわけ社会構成主義の影響をうけたエコロジカルな立場からの研究・臨床実践にとりくむマイケル・ウンガー Michael Ungar によるそれに注目し，この考え方が非行少年への関わりについてどのように寄与しうるのかを論じていこう。

リジリアンスとは何か

　リジリアンスとは一般には「重大な逆境という文脈の中で，良好な適応をはたすこと」とされる。わが国のリジリアンス研究では，リジリアンスは日常生活のストレスに拡大解釈されることもあるが，こうした傾向はリ

ジリアンス本来の意義を損ないかねない。非行のある少年の多くは，保護者からの虐待をうけていることが指摘されている（例えば橋本[4]）。発達障害も非行化のリスクとしてとりあげられることが多いが，北・田中・菊池[5]によれば，PDD にしろ AD/HD にしろ，障害特性からくる行動が非行化のリスクを高める一方で，保護者が PDD や AD/HD を理解できないことからくる「家族内の虐待・ネグレクト」「劣悪な家庭環境」もリスクとして挙げられている。こうした背景に注目するとき，非行少年はその加害行為を監督すべき対象であると同時に，被害者としての側面に注目して人生が支えられるべき存在でもある。非行生徒への支援を考えるうえでリジリアンスという視点に注目することは重要であろう。

　リジリアンスをどのように理解するかについては一定した見解があるわけではない。歴史的にふりかえれば，そもそもリジリアンスは，リスク研究の副産物として，たとえば統合失調症の遺伝的リスクをもつにもかかわらず，よい転機をみせる人々の研究としてはじまったとされる。

　たとえば，エミー・ワーナー Werner, E. とルース・スミス Smith, R. E.[21] がカウアイ島で生まれた約 700 人の子どもを対象として 40 年以上にわたって行った研究を嚆矢として，発達精神病理学においては，精神病や問題行動といったさまざまな領域において，人が逆境やリスクの存在にもかかわらず，適応的な生活をおくれる要因について縦断的な研究が多数行われている。ここではリジリアンスは環境と個人との相互作用のなかでうまれるというエコロジカルな理解がなされる。当初の研究が，主に結果としてもたらされる転帰や，それに付随している個人の特性に注目していたのに対して，徐々に環境とのダイナミックな相互作用プロセスのなかで理解するようになってきたといえる。どのような結果についても，それを対象となる少年個人にのみ帰属するのではなく，それらをとりまく環境との相互作用の産物としてみることが重視されている。

学校場面での非行化の危険因子／保護因子

　わが国において，こうしたエコロジカルな立場からの反社会的問題行動

を扱った研究は，学校文脈を舞台として多くなされるようになってきた。そこで非行化に重要な役割を果たす要因として挙げられるのは，非行的な友人の存在である。親の養育態度，あるいは乏しい学業成績といったリスクを抱えた子どもは，登校するなかで徐々に非行的な友人のなかに居場所をみつけ，非行を深化させていく。たとえば，小保方・無藤[10,11]は，中学生を対象として，喫煙，深夜徘徊，万引きといった，自己申告による非行傾向行為の規定要因および抑止要因について検討しているが，非行傾向行為にむかわせるもっとも大きな要因は，逸脱した友人の存在であった。ただし，1年生時点では親子関係の悪さが，3年生になるとセルフコントロールのきかなさがその傾向に拍車をかけており，これら2つの要因が，逸脱した友人の存在にもかかわらず非行傾向行為を抑止しうることがわかった。その一方では親子関係よりは仲間関係の方が非行化に強い影響をもつとする研究もある（酒井・菅原・木島ら[14]）。西野・二宮・五十嵐ら[8]もまた，逸脱した友人の存在や，親子関係などが非行に関係しているとする結果を導いている。まとめれば，親を信頼しているとか，正統なしつけをなされていると感じるといったように，親との愛着が良好でないことは，逸脱行動の開始に重要な意味をもつが，そのすべてが「深化」するわけではなく，逸脱行為をする友人の存在，あるいは学業能力の低さといったものが大きな意味をもっていることが示されている。

　発達精神病理学の特徴は，リスク因子のみならず，保護因子についても検討するところにあるが，少年が大人や仲間たちとの良好な関係を築くことがもたらす効果を示す研究も数多くある。「学校とのつながり（= school connectedness)」とは，このように生徒たちが，学校で出会う大人や仲間たちが，自分たちをケアしてくれていると感じることをあらわす概念である。「つながり」を感じている若者ほど，喫煙，飲酒，薬物乱用，暴力，時期尚早な性交などを含む，多くのリスク行動をとらないことがわかっている（例えばCDC[2]）。日本では岡邊[12]が，非行少年が再犯率を下げる保護因子として「中2時の学業成績」「非行集団以外の友人」を見いだしている。つまり，登校し非行仲間以外の友人にふれることが保護因子になることを示している。

事例的研究のなかでは，河野[7]が「リジリアンスモデル」として1人の非行少年との面接事例を検討し，環境との相互作用のなかで当人のアイデンティティに変革が起きる心理的プロセスを組み入れたモデルを提唱している。すなわち，非行からの離脱プロセスは，(1)「対象に対する認識の変化」→「抑うつに耐える力の向上」→「対象に対する意味づけの変化」という循環的関係を体験しつつ，(2)物事に取り組む力の方向転換によりターニングポイントを迎え，その後(3)「対象に対する認識の変化」と「対象に対する意味づけの変化」が背景化し，「抑うつに耐える力」の向上と「物事に取り組む力」の強化が起こるというプロセスとして描けるという。ここでの河野のまとめは，少年の資質にやや重きをおいたものであり，環境の影響は部分的にしか考察されていないが，白井ら[15]の研究では，河野[7]のいう少年の内的な準備状態をいかして，周囲の援助者がつくりだす「出会いの構造」があることが少年の立ち直りを生むと述べている。こうした研究は，まだまだ数少ないのが現状である。

エコロジカルなモデルの問題と，社会構成主義的リジリアンス

発達精神病理学的研究は，問題の発生や，リジリアンスを個的な要因へと矮小化してとらえず，環境とのダイナミックな関係としてとらえることを可能にした点ですぐれているものの，ローカルな実践のなかで，その場に参与する人々が環境に対して付与している意味づけはみえにくい。

社会構成主義的な立場からのリジリアンス研究の代表的存在であるマイケル・ウンガーは，エコロジカルなモデルの有効性をみとめつつも，リジリアンスの効果が文脈によっており，ある状況でリジリアンスに結びつくとされたものが，ある状況やある対象に対しては逆の効果をもたらす（例えば，貧困家庭に育った白人の子どもは，内的統制感をもつことが，将来の成功を考えることにつながる一方，アフリカ系黒人家庭の子どもにはそのような効果はもたらさない）といったように，一定しない等の問題を抱えていると指摘している（Ungar, 2004a）。

実際，前述の学校文脈での非行化研究をみても，学校への登校が非行化

を助長するものとなる一方で，将来的な犯罪を予防する効果をもつといったように，両極端な結果をうみだす。白井ら[15]の「出会いの構造」モデルにしても，大規模な実証研究からは支持する結果と支持しない結果が混在していた。そのため著者ら自身，少年の状態や，援助者の性質，両者が出会ったタイミングなどを具体的に明らかにする必要をみとめている。つまり，より文脈にそった，当事者の意味生成過程に忠実な研究が求められているのだ。

「健康」や「幸せ」には，必ずしも一般的な理解があてはまらない。すなわち，一般的には幸せとされることであっても，当人の主観のうえでは幸せとはいえないといった例はたくさんあるし，そのことは文化間比較をする際にはとりわけ問題になる。ここでも意味づけが問題になる。ウンガーにいわせれば，「健康」とは一義的に決定されるものではなく，文化や文脈によって制約されつつも，当人や周囲にいる人々が言語を通してつくりあげたものである。エコロジカルなモデルでは，結果的に人が行っていることが社会的に望ましいかたちでなければ，どのような環境的資源にアクセスし，どのような能力を個人が発揮していても，しばしば，それらはリジリアンスとは認められない。社会構成主義的なリジリアンス理解のなかでは，ときには反社会的とみられるような振る舞いであっても，当事者のおかれた環境のもとでサバイブするためにとられた手段であり，その意味ではリジリアンスと数えられるのである。

社会的に構成されるリジリアンスをみる

ウンガー[18]は若者たちの行動について，私たちからみれば「問題」とみられる行動もまた，リスクを抱えた若者のサバイバル戦略と考えられるという。そこで彼が繰り出す戦略とは「やめさせるのではなく代わりを探す」である。「若者の真実を聞く」にはじまり「若者が自らの行動を批判的に見るよう援助する」「若者が必要だというものにフィットする機会を創造する」「若者が耳を貸し，敬意を払うような仕方で話す」「最も大切な差異を見つける」という5つの戦略が，「代わり」を呈示する具体的な戦略である。こ

れら6つの戦略はその後さらに洗練され，以下の8つの戦略へと展開されている[20]。すなわち，①自らのバイアスを意識しつつ，他者への好奇心を抱く，②文脈化したアセスメントを行う*，③脱中心化実践，④複雑な問題には複雑な（多次元の）解決が必要であることを認識する，⑤周辺で生きる人々には典型的ではない結果（解決）が生じることを尊重する，⑥人々の文化的妥当性と文化的遂行能力を証明する，⑦人々が資源にアクセスできるよう援助する，⑧人々が資源を利用できるよう当人の交渉を援助する，である。

初期の著作での「代わりをみつける」方略は，個人と環境との複雑な出会い方を表現するために「舵取り（Navigate）」と「交渉（Negotiate）」の2つへと変わっている。環境だ，資源だなどといっても，ただ用意されているだけでは不十分で，それが当事者の意味生成のなかに入ってくる必要があるというとらえ方である。しかしながら，「無知のアプローチ」「好奇心」といったナラティヴ実践から大きな影響うけているウンガーの基本的な姿勢，すなわち，無軌道にみえる行動をする若者であっても，若者なりの世界のとらえ方があり，援助はそれについて教えてもらい，共有してはじめて可能になるという姿勢，そして若者の変化は，それを取りまく私たち大人自身が「機会」をつくらねばならないという意味で，協働的に達成される事態だととらえる視点は一貫している。

若者は逆境的環境にサバイブするために，ありとあらゆる方法を駆使しようとするが，それらは彼らがパワフルなアイデンティティを得ようとしてなされたことである。したがって彼（女）らの行為が社会的に望ましくないものだからといって，それを単に禁止することは解決にはならない。彼らがとっているのと同じくらい「パワフル」なアイデンティティを獲得できそうだと彼らが感じることを呈示することが必要で，そのような条件

[訳註*] 文脈化されたアセスメントでは，以下の7つの相互に関連しあう観点が注目される。すなわち，①当人の衣食住や安全といった基盤はどうなのか（物的資源へのアクセス），②誰とどんな関係にあるのか（関係性），③周囲からどのように見られたいのか，どう生きたいのか（アイデンティティ），④自分がどれほど世界に働きかけられると感じているのか（パワーと統制感），⑤自分の文化への関わり（文化的密着性），⑥当人が社会での自らの位置をどう考え，社会貢献についてどう考えているのか（社会正義），⑦家族や仲間，学校や職場から神にいたるまでの結びつきをどうとらえているのか（結束性）である。

が整えば，若者は変化することができると考えるわけである。一例として，筆者がとりくんできた，ある「荒れ」た中学校での，いわゆる「反社会的な問題行動」をおこす生徒たちに焦点をあてたフィールドワークの一端を示そう[9]。なお，事例は主旨を損なわない範囲で改編されていることを改めて断っておく。

* * *

　この中学校では1年生当初から10名以上の生徒の授業離脱，授業妨害が頻発し，対教師暴力も珍しくなかった。アキオもそういう集団のなかの1人であった。教師たちの粘り強い関わりもあって徐々に暴力行為はなくなったが，周囲の生徒との距離は縮まらず，3年生を迎える頃には他校生とのつきあいが増え，学校を欠席することも増えた。アキオに対応していた生徒指導のA先生は，ちょうどそのとき，ある下級生がアキオともつながりのある他校生グループとトラブルになったのをよいチャンスととらえ，アキオに，この生徒を助けるために他校生の状況について知らせてほしいと頼んだ。A先生は得られた情報を，息子を更生させようと腐心していたその生徒の母親に伝え，それがアキオの功績であることを強調した。トラブルが解決したのち母親は，涙ながらにアキオに感謝の意を伝えたそうである。A先生は「（お母さんに会った後）アキオはもうニコーッとして職員室へ入ってきた」と言い，そこで「お前よかったな，と。人にこれだけありがとう，ありがとうと言われて，お前のやっぱりやってたことは間違いじゃなかったな」とねぎらったと語る。A先生によれば，この一件を通して，人に感謝されたり喜ばれたりすることの気持ちよさに気づいたアキオは，A先生の依頼をうけて，卒業式にきちんとした頭髪・服装で出席しようと全校に呼びかける役までひきうけるにいたったという。

* * *

　上記の事例のように，他校生との不良交遊が増える状態は，生徒指導上好ましいことではない。危険因子としてとりあげられるような条件である。つきあいをやめさせる方向での指導がなされることも多いのではないだろ

うか。とはいえ，ここでのアキオの感じている寂しさをおもえば，禁止することが解決にならないのも明らかだろう。G先生はアキオの交友関係を禁止するのではなく，代案を出すことに注力している。すなわち，あえてこうしたリスクのある関係にコミットすることで，アキオに向社会的な行動によって褒められることの嬉しさを作りだすことに成功しているのだ。アキオに関わるこの学校の多くの教員が，抑えつけて言うことをきかせるというよりも，話をきいてやり信頼関係をつくることに注力してきたことが跳躍台となって実現したことである。また，自らも下級生の頃から，いわゆる「ヤンキー」のカッコイイ先輩に憧れ，自らもそうなりたいと願ってきたアキオからすれば，下級生を助けることで，自らも尊敬される先輩として認識されるようになったことも嬉しいことだったようだ。ウンガーのいう「パワフルなアイデンティティ」が，改造制服，金髪ではなくても達成できるという現実を，アキオと周囲の大人が共同構築したことが，彼に社会的に受け入れられる人生径路にのる機会を構築したのである。

若者が何に困っているのか教えてもらうところから

2013年時点で，わが国ではいくつかの「いじめ」事件をきっかけとして，その撲滅をさけぶ言説が多くわきおこっている。それらにはイジメ＝犯罪という図式をもちだし，警察官を学校に派遣するといった解決が語られる，といったように，若者をより大きなパワーで従えようといった構えがみえる。これは少年法の厳罰化をはじめとして，学校教育をめぐるトピックのなかに「ゼロ・トレランス」「毅然とした対応」といった言葉が踊る状況とも整合する。こうした施策の先進国であるアメリカからは，こうした施策には必ずしも効果がないといった知見（例えばBorgwaldとTeixos[1]）も出ているが，こうした強い指導を求める主張はわが国にも根強くあると思われる。

これらは当の若者たちが何を考えているのかを聴き，どうすればいいのか私たちが思い悩むかわりに，若者をより大きなパワーで従えようということだろう。もちろん，こうした方法が著効する場合もあるのかもしれないが，パワーによる問題解決は，容易に文字通りのパワー（暴力）へと発

展することが懸念される．若者に変わることを求める前に，私たちも若者たちが直面している困難について教えてもらい，ともに解決を構築していく関係性をつくることからはじめたい．

引用文献

1. Borgwald, K. & Theixos, H. : Bullying the bully: Why zero-tolerance policies get a failing grade. Social Influence, 8; 149-160, 2013.
2. Centers for Disease Control and Prevention: Fostering School Connectedness Staff Development Program: Facilitator's Guide. Atlanta: CDC, 2011.
3. 土井隆義：少年犯罪〈減少〉のパラドクス．岩波書店，2012.
4. 橋本和明：虐待と非行臨床．創元社，2004.
5. 北洋輔，田中真理，菊池武剋：発達障害児の非行行動発生にかかわる要因の研究動向：広汎性発達障害児と注意欠陥多動性障害児を中心にして．特殊教育学研究，46; 163-173, 2009.
6. 小林寿一：我が国の地域社会における非行統制機能について．犯罪社会学研究，28; 39-54, 2003.
7. 河野荘子：Resilience Process としての非行からの離脱．犯罪社会学研究，34; 32-46, 2009.
8. 西野泰代，二宮克美，五十嵐敦，井上裕光，山本ちか：中学生の逸脱行為の深化に関する縦断的検討．心理学研究，80; 17-24, 2009.
9. 松嶋秀明：問題生徒はいかに学校とつながりあえたか：ある荒れた学校でのフィールドワークから（3）．日本教育心理学会第55回大会大会発表論文集，p.48, 2013.
10. 小保方晶子，無藤隆：親子関係・友人関係・セルフコントロールから検討した中学生の非行傾向行為の規定要因および抑止要因．発達心理学研究，16; 286-299, 2005a.
11. 小保方晶子，無藤隆：中学生の非行傾向行為の先行要因：1学期と2学期の縦断調査から．心理学研究，77; 424-432, 2005b.
12. 岡邊健：再非行の危険因子と保護因子．青少年問題，639; 8-13, 2010.
13. Resnick, M. D., Bearman, P. S., Blum, R. W., Bauman, K. E., et al. : Protecting Adolescents from Harm: Findings from the national longitudinal study of adolescent health. Journal of the American Medical Association, 278; 823-32, 1997.
14. 酒井厚，菅原ますみ，木島伸彦，菅原健介，他：児童期・青年期前期における学校での反社会的行動と自己志向性：短期縦断データを用いた相互影響分析．パーソナリティ研究，16; 66-79, 2007.
15. 白井利明，岡本英生，小玉彰二，近藤淳哉，他：非行からの少年の立ち直りに関する生涯発達的研究（6）：「出会いの構造」モデルの検証．大阪教育大学紀要（第4部門），60; 59-74, 2011.

16. Ungar, M. : A Constructionist discourse on resilience: Multiple Contexts, Multiple Realities Among At-Risk Children and Youth. YOUTH & SOCIETY, 35, 341-365, 2004a.
17. Ungar, M. : Nurturing Hidden Resilience in Troubled Youth. Toronto, ON:University of Toronto Press, 2004b.
18. Ungar, M. : Strengths-Based Counseling with At Risk Youth. Corwin Press, Thousand Oaks: CA. 2006.（本書）
19. Ungar, M. : Counseling in Challenging Contexts: Working with individuals and families across clinical and community settings. Belmont, CA: Brooks/Cole, 2011.
20. Ungar, M.（Eds.）: The Social Ecology of Resilience. A Handbook of Theory and Practice. Springer, 2012.
21. Werner, E. & Smith, R. S. : Vulnerable but Invincible: A longitudinal study of resilient children and youth. NY: McGraw-Hill, 1982.

初出：家族療法研究, 30（3）; 282-286, 2013.

訳者あとがき

　本書はマイケル・ウンガー（Ungar, Michael）が 2006 年に出版した"Strengths-Based Counseling with At Risk Youth" Corwin Press の全訳です。ウンガーは現在，カナダのハリファックスにあるダルハウジー大学でソーシャルワークに関する研究・教育にたずさわっています。また 25 年以上にわたってソーシャルワークの臨床実践にたずさわっています。ウンガーは 2012 年 12 月にカナダのソーシャルワーク協会から"Outstanding Service Award"を授与され，その著作は幅広い読者層を意図して，学術専門書や，本書のような実践書はもちろん，小説という形態までとっています。

　本書の主題となる「リジリアンス」とは，ウンガーによれば「重大な逆境の下，自らの幸福を維持するための心理的，社会的，文化的，そして身体的資源に自らを導く個人的能力，およびそれらの資源が文化的に意味のある仕方で提供されるよう個人的にも，集団的にも意味の交渉を実現する能力」です。本書の原題にある「ストレングス」と類似していますが，逆境におかれた際に発揮されるのがリジリアンス，平時から存在するのがストレングスと使い分けられます。当初は，個人の特質として議論されたリジリアンスですが，近年では，環境との相互作用に注目したエコロジカルなモデルが注目されています。ウンガーは自分の立場を「社会エコロジー（social ecology）」と呼び，エコロジカルなモデルをふまえつつも，社会構成主義的なアイデアをとりいれ，社会的な相互作用のなかでの意味構成を強調していますし，実践面ではナラティヴセラピーから多くを学んでいます。もっとも，実践家むけの本書には，こうした社会構成主義の考え方については詳しく論じられていません。社会構成主義的なリジリアンスのとらえ方に興味がおありの皆さんは，彼の 2004 年の著作"Nurturing Hidden Resilience in Troubled Youth"もご参照ください。

　本書の内容にうつりましょう。第 1 章はウンガー自身の少年時代のい

じめられ体験が開示され，いじめっ子であったジェフリーと自分との境遇が実は似たものであったのにもかかわらず，どうして行動には違いがでたのかを考えるところからはじまっています。本書で主題となる「危険（dangerous）」「非行（delinquent）」「逸脱（deviant）」「障害（disorder）」の4D行動をとる若者たちは，私たちからみれば「問題」ですが，他方では，リスクを抱えた若者のサバイバル戦略とも考えられます。第2章では，こうしたサバイバル戦略を，どこにいても誰といようと自分のアイデンティティにしがみつく「パンダ」，日和見でどこにでも融け込もうとする「カメレオン」，そして自分が相手をコントロールできるように自分に注目させる「ヒョウ」の3つに分類しています。

第3～5章はリジリアンスを育てるための戦略の紹介です。若者たちの4D行動に対してウンガーが提案する戦略は「やめさせるのではなく代わりを探す」です。彼はテコのような図（本書図3.1，056頁）を使って自らの実践を説明しますが，この戦略はテコの支点です。テコの片側には4D行動が載っており，そのままでは若者は危険で慣習的でない径路へとはまりこむ。戦略1の「若者の真実を聞く」をはじめ，「若者が自らの行動を批判的に見るよう援助する」「若者が必要だというものにフィットする機会を創造する」「若者が耳を貸し，敬意を払うような仕方で話す」「最も大切な差異を見つける」という5つの戦略は，それをおくことでテコをリジリアントへと傾かせるおもりとなるわけです。

第6章は，いじめの臨床実践。これまでみてきたパンダ，カメレオン，ヒョウのアイデンティティがそれぞれどのようなイジメっ子の姿となってあらわれるのかが示されます。近年，わが国においても知られるようになったイジメ予防をうたう心理教育プログラムについても若干批判的なスタンスを披露しながら，イジメっ子にイジメでない代案を提案するための会話を展開しています。そして最後に第7章と8章では，リジリアントな若者のストレングスを評価するインベントリーを紹介し，その利用法が紹介されています。

わが国では，本書でとりあげられるような若者に対して，社会は年々寛

訳者あとがき

容さを失っているようです。少年法の厳罰化をはじめ，学校教育をめぐるトピックには「ゼロ・トレランス」「毅然とした対応」といった言葉が踊ります。本書の訳出がはじまった2012年の夏，ある痛ましい事件をきっかけにして沸き起こった「いじめ」撲滅についての言説の多くも，イジメ＝犯罪という図式をもちだし，警察官を学校に派遣するといった解決が語られます。こうした方策に共通するのは，当の若者たちが何を考えているのかを聴き，どうすればいいのか私たちが思い悩むかわりに，若者をより大きなパワーで従えようということでしょう。もしかしたら，私たちはウンガーが結論で述べたように「若者についてのある種の考え方にはまって抜け出せないでいる」のかもしれません。彼（女）らに変わることを求める前に，私たちも変わることが必要でしょう。

　本書の訳出はナラティヴ鉄板コンビの小森先生と奥野さんが，それぞれ第1～2章，6～8章を，松嶋は3～5章を担当しました。本書のテーマに関心の近いものが中心になるという方針から私がまとめを担当しましたが訳出においてはお2人に多いに助けていただきました。高島徹也さんをはじめとした金剛出版のみなさんのご助力にも感謝します。

松嶋秀明

*****

　三人の訳者の立場や実践の場はさまざまで，私はカウンセラーとして大学の学生相談室で働いています。相談室は，学業のこと，心理的なこと，対人関係のこと，将来のこと，その他学生生活上のあらゆることについて話し合う場として多くの学生に利用されています。学生と話し合う他に，学生のことで保護者や関係する教職員と協力して環境調整を行うことや，学生向けのプログラムや教職員向けの研修を行うこともあります。

　大学コミュニティの中で仕事をしていると，ウンガーの言う「若者は少ない手持ちの札の中から最善を尽くしてサバイブしようとしているのだ」という理解が若者にとても大きな違いをもたらす事態に直面します。実際のところ私たちは，若者がトラブルを起こしたり，医学的診断を受けてい

たり，あるいは単に理解を超えているというだけで「問題あり」というラベルを貼りつけてしまいがちです。それは大人から見てよりよく生きることを放棄しているという意味かもしれませんし，望ましくない行動をやめられない，やめる気がない，あるいは大人の助言を受け入れないという意味かもしれません。いずれにしても，指導や援助までもがそのような文脈でなされるなら，若者から「問題あり」のラベルが剥がれることはあるのでしょうか。若者のさまざまなリジリアンスの表現をどう受け止めるか，どう若者と対話するか，若者にとって資源となるようなコミュニティ風土をどう育てていくか，そんなことを私たちはもっと考えていかなければなりません。

　大学生ともなると自分の意志で相談室を訪れる学生が多いわけですが，大抵は（来談にいたるまでに）「話してよかった」とその若者が思えるような関わりをしてくれた人がいるものです。本書の「若者に機会を提供する」，「代わりを見つける」といった戦略にまで関わるのはカウンセラーや担任，生徒指導担当教員かもしれません。しかし日頃声をかけるだけの大人が若者をよく見ていてつながりを築いていることもまた多いものです。本書は，日常的に，授業や課外活動で，あるいは指導や援助として関わった（今関わっている）若者のことを思い浮かべさせてくれ，実践的なヒントとなり，私たちの仕事を豊かにしてくれるでしょう。

　今回は，いつもご一緒させていただいている小森先生と，大学院で同期だった松嶋くんの三人で訳出できたことが私にはとてもうれしいことでした。金剛出版の高島さんには何時もながら丁寧に原稿を見ていただきました。感謝申し上げます。

奥野　光

*****

　本書はどんな方が手にされるのでしょう？　実践書である以上，その中心にこられるのは，少年非行に日々取り組んでおられる方々であり，リジリアンスはどうやったら仕事で使えるのかという興味に導かれた方ではな

いでしょうか。あるいは、いじめの問題にからんで本書に興味をもたれたスクールカウンセラーかもしれません。さらに拡げて、こどもの臨床に取り組んでみえるカウンセラーやソーシャルワーカーの姿も浮かびます。もちろんリジリアンスという臨床概念の噂を聞きつけて、その可能性を吟味したいと思われた方もおいででしょう。

　ところで、なぜ私のような緩和ケアという領域で精神腫瘍医をしている人間がこのような本を訳しているのかと思われるかもしれません。職業的翻訳家ではない者の手になる訳書というものにメリットがあるとすれば、それは唯一、その臨床感覚なのですから。私は、精神科医になる前、十年間、小児科医をしていました。そして、そのあいだに家族療法を修得しました。沖縄では児童相談所で非行少年の面接をさせてもらったり、大学にもどってからは小児心身症外来を開いたり。まあ、これは昔取った杵柄というものですが、実は、おとなのリジリアンスという問題にこそ、私は今、注目しています。実際に、リジリアンス研究の主要テーマについてPsycINFOで2014年の文献を検索された二平義明氏によると、がん領域というのは、貧困、災害、児童虐待に続いて4番目に多いそうで、そのあと、難民、いじめ、高齢者介護がくるのだそうです。

　2012年4月、がん対策基本法が5年ぶりに改訂され、がん患者の就労支援が重点のひとつとなったため、『サバイバーと心の回復力：逆境を乗り越えるための7つのリジリアンス』翻訳以来10年ぶりにリジリアンス研究を展望してみました。原書は1993年刊行であるため、実質20年におよぶ研究の進展を追うことになったわけです。

　2002年頃までのトラウマ一辺倒の言説に嫌気が差して、せめてネガをポジに反転することくらいはしておきたいものだとウォーリンとウォーリンの同書を共訳したものの、まだそこでは、リジリアンスが個人的特性とされる部分がありました。ナラティヴな社会構成主義的視点に馴れた者にとっては、そのままの実践応用は多少、腰が引けるものだったのです。しかし、いずれリジリアンスの社会構成主義的理解を提唱する人が登場するだろうと期待していました。そして待ち人、到来。マイケル・ウンガー。しかも、

なんと彼は日本ソーシャルワーク学会第 29 回大会（2012. 6. 8-10, 関東学院大学）に招聘されていたのです。タッチの差で大会に参加し，翻訳の話もまとまったのでした。

　Resilience には訳語（といっても，読み方なのですが）が 4 通りあります。私たちは 12 年前に訳語を決定する際，欧米で話されている音に一番近い音として「リジリアンス」を選択しました。これは少数派ですが，今後，社会構成主義を強調するアプローチがこの読み方に統一されれば，ナラティヴ vs. ナラティブのときと同じように，それはそれで役に立つ指標になるのではないかと思っています。ちなみに，「リジリエンス」と選択された仁平氏の「リサイクルをレサイクルと言わないように……」という指摘は素敵です。

　いずれにせよ，リジリアンスが，「あるか，ないか」といった形で，個人的特性に還元されることだけは勘弁願いたいと思う。「雨降って，地固まる」，これは雨と土の物語なのだから。

小森康永

索引

人名

アンダーソン, ハーレーン(Anderson, H.)…093
アンソニー, E・ジェイムス(Anthony, E.J.)…006
バック, リチャード(Bach, R.)…053, 054, 059
キャンフィールド, ジャック(Canfield, J.)…075
カールソン, リチャード(Carlson, R.)…094
シャンボン, エイドリアン(Chambon, A.)…018
クレイグ, ウェンディ(Craig, W.M.)…130
ドクター・スース(Dr. Seuss)…036
ファリス, カーク(Fallis, R.K.)…078
フーコー, ミシェル(Foucault, M.)…010, 069, 139
フランク, アンネ(Frank, A.)…101
フレーザー, マーク(Fraser, M.W.)…006
ガーゲン, ケネス(Gergen, K.J.)…018, 093
ジブラーン, ハリール(Gibran, K.)…009
ギリガン, キャロル(Gilligan, C.)…058
ジェンセン, デリック(Jensen, D.)…117
マディガン, スティーブン(Madigan, S.)…164
マクナミー, シェイラ(McNamee, S.)…018
ミッチェル, ジョニ(Mitchell, J.)…030
モンク, ジェラルド(Monk, G.)…018, 157
ナイランド, デヴィッド(Nylund, D.)…018
オルヴェウス, ダン(Olweus, D.)…132
オプトウ, スーザン(Opotow, S.)…078
パイファー, マリー(Pipher, M.)…058
ポラック, ウィリアム(Pollack, W.)…058
ラヘイ, レイラ(Rahey, L.)…130
サルミバリ, クリスティナ(Salmivalli, C.)…130
スミス, ルース(Smith, R. E.)…176
サットン, ジョン(Sutton, J.)…117, 131
ワーナー, エミー(Werner, E.)…176
ホワイト, ウィリアム(Whyte, W.F.)…081
ホワイト, マイケル(White, M.)…003, 018
ウィンスレイド, ジョン(Winslade, J.)…018, 157

事項

あ

愛着(障害)…094
アイデンティティ
　――の実験…077
　――の置き換え…013
　――をみつける…099
アルバータ州テーバー(の銃乱射事件)…iii, 071
『アンネの日記』…101
いじめ
　――の被害者…135
　――に攻撃し返すアプローチ…129
　「――産業」…129
　――から立ち去るアプローチ…129
　――予防プログラム…130
　反――キャンペーン(短期の)…130
いじめっ子…vi, 011, 027, 032, 070, 078, 094, 095, 117, 118, 125, 128-137
　犠牲者としての――…094
　改心した――…131
逸脱した若者…019
エメット・フラリック…071
エリック・ハリスとディラン・クレボルド(コロンバイン高校事件)…071
『男の子が心をひらく親, 拒絶する親』…058

『オフェリアの生還』…058
か
カメレオン
　　──のよいところ…041
　　いじめっ子の手下の──…130
　　いじめの傍観者の──…130
『かもめのジョナサン』…053, 054, 059
慣習的な幸せと非慣習的な幸せ…114
危険な若者…019
「傷つけられない子どもたち」…006
喫煙…021, 082, 083, 108, 177
『きみの行く道』…036
禁煙運動…082
ゲイ／レズビアン／バイセクシャルの若者…019
健康の探求…012
権力…010
　　──と自己定義…010
　　『──に翻弄されないための48の法則』…075
　　──の毛細血管…010, 011
　　──は希少品だという神話…011
コーピング
　　隠れた──…057
　　いじめっ子と──…132
　　──としてのいじめ…118
　　──としての授業エスケープ…078
　　──戦略…v, 103, 121, 125, 126, 141, 156, 164
『こころのチキンスープ』…075
コロンバイン高校…iii, 071
コントロール感…020, 059, 115, 144, 165
さ
サイバーコミュニケーション…082
サバイバル戦略…007, 008, 081, 179, 186
ジェンダー…043, 048, 055
自己愛(性パーソナリティ障害)…020
「システム」…078
自動車泥棒…019

社会構成主義…175, 178, 179, 185, 189, 190
銃規制…iv
十代の母親…103
受容…007, 010, 012, 013, 036, 051, 129
障害を抱えた若者…020
消費主義…070, 114, 134
人種差別…164, 165
『ストリート・コーナーソサエティ』…081
ストレングス資源…013
ストレングスに基づく介入…169
精神保健問題…019, 020
ゼロ・トレランス…182, 187
素行障害…020, 078, 127
た
『小さいことにくよくよするな！　所詮、すべては小さなこと』…094
適応の機会を提供する…132
『遠い空のむこうに』…073
ドラッグ密売…019, 023
な
ナラティヴ介入…017
ナラティヴ・セラピスト…018, 068
ネグレクト…024, 039, 057, 059, 060, 176
ネットサーフィン漬け…019
は
売春…019
発達精神病理学…176-178
パワフル
　　──なアイデンティティ…iv, vi, 008, 013, 014, 024, 029, 046, 055, 058, 059, 077, 081, 082, 084, 092, 099, 104, 106, 112, 115, 116, 134, 137, 139, 140, 159, 180, 182
　　──な自己定義…011, 037, 075, 080, 133
　　──な選択肢…020, 055
反抗挑戦性障害…094

パンダ
　いじめっ子の——…129
　——を見分ける…029
　——のよいところ…036
非行の若者…019
ヒョウ
　いじめられっこの擁護者としての——…131
　——とパンダを鑑別する…044
　——を見分ける…044
　——のよいところ…045
ピンク・フロイド…114
『ベッカムに恋して』…073
変化
　大人から見た——…009
　子どもからみた——…009
「ボーダーライン」（境界性パーソナリティ障害）…020
保護因子…176, 177
ポストモダニズム…068
ポストモダン・カウンセリング…018

ま
万引き…019, 034, 035, 177
「問題の十代」…018

や
薬物使用…012, 106
『預言者』…009

ら
ラベリング…092, 093
ラベル
　敗者という——と戦う…070
　——を選ぶ…010
　3つの——…v
リジリアンス…v, 006
　——研究…142, 175, 178, 189
　——戦略1：彼らの真実を聴く…061

　——戦略2：若者が自らの行動を批判的にみるよう援助する…075
　——戦略3：若者が必要だというものにフィットする機会を創造する…081
　——戦略4：若者が耳を貸し、敬意を払うような仕方で話す…086
　——戦略5：最も大切な差異を見つける…092
　——戦略6：やめさせるより代わりを見つける…103
　——への慣習的な経路…056
　——への非慣習的な経路…056
「子どもと若者の——尺度」…141
　問題行動と——…020
　——を探す…161
リジリアントな子どもたち…006
「リジリアントな若者のストレングス・インベントリー」…vi, 140, 144, 147, 149, 151, 157
リタリン…023, 122
『リトル・ダンサー』…043

わ
私たち／彼らという思考…008
『悪さをして遊ぶ』…106

数字・アルファベット
4つのD行動…iv, 018, 055
6つの戦略…v-vii, x, 053-057, 068, 109, 118, 180, 195
ADHD…020, 122
CYRM→「子どもと若者のリジリアンス尺度」
RYSY→「リジリアントな若者のストレングス・インベントリー」
RYSYの結果とカメレオン…159
RYSYの結果とパンダ…157
RYSYの結果とヒョウ…160

著者

マイケル・ウンガー
(Michael Unger, PhD)

子ども・若者・成人のメンタルヘルス，教育，矯正現場の臨床に携わるソーシャルワーカー／夫婦家族療法家であり，ハリファックス（カナダ）のダルハウジー大学ソーシャルワーク学部で教鞭をとるかたわら，北米をはじめ世界各国の教師，ガイダンスカウンセラーなどにスーパービジョンとコンサルテーションを提供し続けている。ラジオやテレビにも多数出演し，児童精神科医，ソーシャルワーカー，心理士などのメンタルヘルス専門家を対象とした講演も多い。また危機にある若者の援助と研究についてリジリアンスをテーマとした国際ワークショップを多数主宰し，多くの著作・学術論文を発表しながら研究と実践を続けている。

訳者

松嶋 秀明
(まつしま ひであき)

1972年，滋賀県生まれ。1996年，大阪府立大学卒業。2003年，名古屋大学大学院教育発達科学研究科修了。博士（教育学）。以後，滋賀県立大学人間文化学部教員。
現在，滋賀県立大学人間文化学部教授／臨床心理士／滋賀県スクールカウンセラー
著書：『関係性のなかの非行少年』（新曜社，2005），共著書：『ディスコミュニケーションの心理学：ズレを生きる私たち』（東京大学出版会，2011），『児童生活臨床と社会的養護』（金剛出版，2012），共訳書：ホワイト『ナラティヴセラピーとエキゾチックな人生』（金剛出版，2008），ホワイト『セラピストの人生という物語』（金子書房，2004）

奥野 光
(おくの ひかる)

1974年，愛媛県生まれ。1997年，国際基督教大学卒業。2002年名古屋大学大学院教育学研究科単位取得。以後大学の学生相談に従事。
現在，二松学舎大学学生相談室専任カウンセラー／臨床心理士／大学カウンセラー
共著書：『セラピストの物語／物語のセラピスト』（日本評論社，2003），『ナラティヴ・プラクティス』（現代のエスプリ，至文堂，2003），共訳書：ホワイト『ナラティヴ実践地図』（金剛出版，2009），ホワイトとモーガン『子どもたちとのナラティヴ・セラピー』（金剛出版，2007），ウォーリンとウォーリン『サバイバーと心の回復力』（金剛出版，2002）

小森 康永
(こもり やすなが)

1960年，岐阜県生まれ。1985年，岐阜大学医学部卒業。同大学小児科に在籍。1995年，名古屋大学医学部精神科へ転入後，愛知県立城山病院に勤務。
現在，愛知県がんセンター中央病院緩和ケアセンター長。
著書：『ディグニティセラピーのすすめ』（H・M・チョチノフとの共著，金剛出版，2011），『終末期と言葉』（高橋規子との共著，金剛出版，2012），『バイオサイコソーシャルアプローチ』（渡辺俊之との共著，金剛出版，2013），『ナラティヴ・オンコロジー』（岸本寛史との共編，遠見書房，2014），訳書：ウィンスレイドとモンク『新しいスクール・カウンセリング』（金剛出版，2001），エプストン『ナラティヴ・セラピーの冒険』（創元社，2005）

リジリアンスを育てよう
危機にある若者たちとの対話を進める6つの戦略

印　刷 ……………………………	2015 年 1 月 10 日
発　行 ……………………………	2015 年 1 月 20 日

著　者 …………………………… マイケル・ウンガー
訳　者 …………………………… 松嶋秀明／奥野 光／小森康永
発行者 …………………………… 立石正信
発行所 …………………………… 株式会社 金剛出版
　　　　〒 112-0005 東京都文京区水道 1-5-16
　　　　電話 03-3815-6661 ／振替 00120-6-34848

カバー写真 ……………………… カズイ スチカ
印刷・製本 ……………………… シナノ印刷

ISBN978-4-7724-1404-3　C3011　　©2015 Printed in Japan

サバイバーと心の回復力
逆境を乗り越えるための七つのリジリアンス

［著］=スティーヴン・J・ウォーリン　シビル・ウォーリン
［訳］=奥野 光・小森康永訳

●A5判　●上製　●284頁　●定価 **4,200**円+税
● ISBN978-4-7724-0741-0 C3011

問題の多い家族の中で生き抜く
サバイバーたちのために書かれた，
セラピストとクライエントのための強さと勇気の書。

ナラティヴ・プラクティス
会話を続けよう

［著］=マイケル・ホワイト　［訳］=小森康永・奥野 光

●A5判　●上製　●208頁　●定価 **3,800**円+税
● ISBN978-47724-1275-9 C3011

盟友D・エプストンによって編まれたマイケル・ホワイトの遺稿集。
彼の治療的アプローチを形成する社会的，政治的，倫理的なものに
向けられた関心への最後の，そしてこれからも続く探求。

リジリエンス
喪失と悲嘆についての新たな視点

［著］=ジョージ・A・ボナーノ　［監訳］=高橋祥友

●四六判　●上製　●250頁　●定価 **2,800**円+税
● ISBN978-4-7724-1287-2 C3011

死別の過程をきわめて新鮮に，科学的な根拠に基づいて描き出し，
肯定的な感情，笑い，死後も続く絆について
多くの例を挙げて解説。